Peter Strauch

# Versuch's doch mal mit leben

## Punktuelles



R. BROCKHAUS

R. Brockhaus Taschenbuch – »die reihe«
Band 2031


Umschlaggestaltung: Carsten Buschke, Solingen
Umschlagfoto: Blume – ZEFA, Düsseldorf
Gesamtherstellung: Breklumer Druckerei Manfred Siegel KG
ISBN 3-417-22031-9

# Ja, versuch's doch mal mit leben!

Richtiges, ausgefülltes, kraftvolles Leben – darum geht es in diesem Buch. Und mal ehrlich: wer würde das nicht gerne haben? Viele aber leben einfach so drauflos. Lassen sich treiben von dem, was die anderen auch tun. Was gerade »in« ist, was man so tut. Man macht einfach mit – aber eigentlich träumt doch jeder davon, noch besser oder ganz anders zu leben.

Was ausgerechnet ein altes Stück Holz, ein verschlossener Aussichtsturm oder eine Zuckerdose damit zu tun haben, fragst Du? Peter Strauch hat das Talent, aus solch alltäglichen Dingen Beispiele zu formulieren, die etwas über dieses Leben deutlich machen. So entsteht aus lauter kleinen Geschichten nach und nach wie aus Mosaiksteinen ein Bild.

Klar, es geht um ein Leben mit Christus, dem, der von sich gesagt hat, daß er gekommen ist, um »Leben in Fülle« zu bringen. Es geht um das Christsein. Nicht um ausgelatschtes, erstarrtes, formales Christentum, sondern um eine lebendige Beziehung zu Gott. Niemand würde wohl behaupten, daß so ein Leben als Christ problemlos ist. Einige der hier veröffentlichten Kapitel liefen früher darum auch unter dem Serientitel »Christsein ist kein Märchenland« als Artikel in der Zeitschrift PUNKT. »Christsein ist kein Märchenland«, das heißt ja, es läuft nicht alles »märchenhaft einfach« und es gibt nicht für jede Stunde des Lebens ein happy end. Aber »Christsein ist kein Märchenland« bedeutet genauso: Christsein ist keine Spinnerei, Christsein ist real, kann wirklich erfahren werden. Weil Christus kein Märchen ist. Weil er heute noch lebt und Dir seine Freundschaft anbietet. Versuch's doch mal mit diesem Leben! Peter Strauch hat eine Menge darüber zu erzählen – nicht nur in diesem Buch, auch in seinen vier anderen, die ich Dir ebenfalls wärmstens empfehlen kann.

Ulrich Eggers
Redaktion PUNKT, Cuxhaven

INHALT

# 1. Daraus soll was werden?

Ich sah sie in Kalifornien. Sie lagen in einem großen Bottich vor der Verkaufsbude eines Vergnügungsparks. Lauter Holzstücke. Gab es hier nicht genug Brennholz? Daneben entdeckte ich eine Werbetafel: »Nimm ein solches Holz, stell es in ein Glas Wasser, und Du wirst staunen, welch eine prächtige Zimmerpflanze daraus wird.«

Nun, dazu gehörte eine große Portion Glaube. Zweifelnd schaute ich auf die Hölzer. Ich nahm eins dieser vertrockneten Stücke in die Hand. Daraus sollte eine Zimmerpflanze werden? Es gab nicht die geringsten Anzeichen dafür.

Aber da der Preis gering und die Neugier groß war, kaufte ich ein Stück und stellte es ins Wasser. Meine ganze Familie nahm daran Anteil. Tag für Tag schauten wir ins Glas, um uns anschließend enttäuscht zurückzuziehen. Da war nichts von einer herrlichen Zimmerpflanze zu entdekken. Im Gegenteil, das Holz im Glas machte einen jämmerlichen Eindruck. Wir kamen uns mit unserer Erwartung fast albern vor. Sollten wir es nicht wegwerfen und den Platz auf der Fensterbank für eine ansehnliche Zimmerpflanze räumen?

Aber dann – nach Wochen – passierte es. Das heißt, »passieren« ist angesichts dessen, was wirklich geschah, ein zu hochtrabendes Wort. Es passierte fast nichts. Nur der aufmerksame Beobachter stellte leichte Veränderungen fest: Die Rinde arbeitete. Sie öffnete sich. Eine grüne Spitze kam hervor. Sie wurde langsam größer und kräftiger. Bis dann nach Monaten wirklich eine so große Pflanze daraus wurde, daß wir in unserer Familie anfingen, von einem Strauch zu sprechen.

Du fragst, was das hier soll, in einem Buch, das sich nicht gerade mit Gartenbau oder Zimmer- und Balkonpflanzen beschäftigt.

Aber muß ich das wirklich noch erklären? Muß ich sagen, weshalb ich Hoffnung habe für junge Christen, die mit sich selbst nicht klarkommen und hin und wieder resigniert fragen, wo das sprudelnde neue Leben bleibt, von dem man ihnen so viel vorgeschwärmt hat? Muß ich noch sagen, daß die Leute, die uns ein Leben mit andauerndem Glücksgefühl verkaufen wollen, überhaupt nichts davon verstehen?

Beständiges, langsames und kontinuierliches Wachstum macht uns widerstandsfähig und belastbar, und ich vermute, du hast längst begriffen, daß es eigentlich nur auf eines ankommt: nämlich im Wasser zu sein.

In biblischem Klartext heißt das: in Christus zu sein. Oder ist das vielleicht nur ein »Klartext« für Eingeweihte?

Also andersherum: Da will einer wissen, wer dieser Jesus war. Er liest die Bibel – klar, kein anderes Buch informiert besser über ihn; er hört sich an, was Christen denken, geht hierhin, dorthin, und plötzlich macht's bei ihm »klick!«: Er kann glauben. Konsequenz: steigender Wasserspiegel; er erlebt die Gegenwart Christi; er sieht sich umgeben von Gemeinde (hoffentlich!), Gottes Geist wirkt in ihm. Und nun: Wer in Christus ist und den Mut hat, auf ihn zu hören und ihm zu gehorchen, der muß sich nicht um Wachstum sorgen. Der ist wie ein Baum, der an Wasserbächen steht und wächst und blüht und zur rechten Zeit Frucht bringt (Psalm 1,3).

So wie unsere kalifornische Wunderpflanze. Na ja – ein Wunder ist solch ein wachsender Christ ja auch.

# 2. Wie Zucker in der warmen Milch

»Dieu c'est comme le sucre dans le lait chaud . . .« – »Gott ist wie Zucker in warmer Milch: Er ist überall, aber man sieht ihn nicht; je mehr man ihn sucht, desto weniger findet man ihn.«

Mein Begleiter Max macht mich auf den Satz aufmerksam. Wir sitzen in der Pariser Metro. An jeder Station neue Bilder und Worte an den Wänden. Da sind nicht nur die großen Werbetafeln mit grellen Farben und Sprüchen, dazwischen haben sich auch Privatautoren betätigt. Sie kritzeln ihre Worte einfach an die Wand. Max erzählt mir, daß es ein ganzes Buch über diese Sprüche gibt. Es trägt den Titel: »Die Wände sprechen« und hält auf vielen Seiten die Weisheiten der Pariser Metro-Benutzer fest.

Und nun dieser Satz über Gott. Ich komme nicht davon los. »Gott ist wie Zucker in warmer Milch . . .« Immerhin geht der Schreiber von der Existenz Gottes aus. Aber hat er ihn gefunden? Anscheinend nicht, denn der zweite Satz spiegelt seine Resignation wieder: »Je mehr man ihn sucht, desto weniger findet man ihn.«

Zucker in warmer Milch – ich würde ihn nicht mögen. Ich versuche, mir das vorzustellen: Er löst sich auf, aber ich schmecke ihn in jedem Tropfen. Meint Paulus etwas Ähnliches, wenn er schreibt, daß man Gott überall an seinen Werken erkennen kann (Römer 1,20)? Es stimmt, man muß nur die Augen dafür offen halten: Überall entdecke ich die Spuren Gottes in der Welt, in meinem Leben, im Leben anderer. Paulus sagt das auch den Philosophen in Athen: »In IHM leben, weben und sind wir.« Das gilt für alles, was ich sehe, entdecke und erlebe. Und doch ist das noch nicht Gott. Es sind seine Spuren, aber noch nicht er selbst! Plötzlich geht mir auf, daß der Metro-Schreiber recht hat: Hier kann ich ihn gar nicht finden. Die Welt ist zwar das Bilderbuch Gottes; sie zeigt mir, daß er existiert und daß er handelt. Aber ihn selbst muß ich an anderer Stelle suchen. Doch wo?

Jesus Christus hat gesagt. »Ich bin der Weg – es gibt keinen anderen Weg zum Vater als mich« (Johannes 14,7). Wie gerne würde ich das dem Metro-Schreiber erzählen! Man kann Gott also finden!

Moment mal! Max stößt mich an. Er hat mir den ganzen Satz aufgeschrieben und übersetzt. Einen kleinen Nachtrag hatte ich übersehen. Dahinter steht in Klammern: »Das Wort ist nicht von mir.« Was meint der Schreiber nun wieder damit? Sagt er nur, daß er nicht der Autor ist? Oder hat er nicht mal selbst gesucht? Ich schaue auf die vielen Menschen in der U-Bahn. Ist das nicht das größte Problem, daß sie nicht mal suchen? Immerhin hat Jesus den Suchenden eine besondere Zusage gegeben: »Wer sucht, der findet« (Matthäus 7,7). Aber wenn nicht mal das geschieht?

Keine Frage: Gott ist da! Seinen Spuren begegnen wir überall. Aber finden werden wir ihn nur, wenn wir ihn suchen. In Jesus Christus will er uns begegnen.

Mir ist er begegnet – dir auch?

# 3. Mit frommen Sprüchen bewegt man nichts

Es ist erstaunlich: Mit einer Handvoll Menschen fing es an. Es begann in Jerusalem. Aber es blieb nicht auf die Stadt, auch nicht aufs Land begrenzt. Die gute Nachricht von Jesus zog Kreise.

Wie's dazu kam?

Nun, diese Leute konnten nicht schweigen; bei jeder Gelegenheit sprachen sie über Jesus! Dazu kam, daß sie aus der Kraft des Heiligen Geistes lebten.

Was sie über Jesus von Nazareth sagten, deckte sich mit ihrem Lebensstil. So nahm man ihnen ab, was sie glaubten, oder man regte sich auf. Gleichgültig konnte man nicht bleiben. Man hörte zu. Man nahm sie ernst. Menschen begannen zu fragen. Sie begannen ganz neu zu leben. Sie wurden »Christen«, denn sie glaubten dieser eigentlich unglaublichen Botschaft von Christus und über Christus und steckten mit diesem Glauben und ihrem veränderten Leben wieder andere an. So überzeugend sprach die Liebe Gottes aus ihnen.

So wuchsen die Kreise.

Und heute?

Ziehen die Christen heute noch Kreise? Ja, aber nicht alle. Manche ziehen bloß Leine. Sie ziehen sich zurück. Sie kommen mit dem neuen Leben nicht zurecht. Ihr Glaube lockt keinen Hund hinter dem Ofen hervor. Sie langweilen – sich und andere. Nichts regt einen an ihnen auf. Nichts kann einen begeistern.

Woran liegt das?

Vielleicht fehlt ihnen die missionarische Schulung? Das wäre möglich.

Brauchen sie methodische Hilfen? Vielleicht.

Aber vor allem brauchen sie ein echtes und praktisches Leben mit Jesus.

Freunde, was wir heute brauchen, sind junge Leute, die Jesus kennen – denn wer ihn kennt, der kann gar nicht anders, als ihn ernstzunehmen; wir brauchen Leute, die es erleben und daher begriffen haben: Dieser Jesus ist heute so wirklich wie zur Zeit des Neuen Testamentes.

Er weckt den Glauben.

Er lebt in dem, der glaubt.

Er lockt in die Nachfolge. Und wenn ich ihm nachfolge, weiß ich:

Er wohnt durch den Heiligen Geist in mir.

So hilft er mir, die Bibel als sein Wort zu verstehen; denn sie sagt mir, was ich tun soll.

Es ist erstaunlich, was aus jungen Leuten wird, die ganze Sache mit Jesus Christus machen. Sie werden wie zur Zeit der ersten Christen zu überzeugenden Beweisen der Realität: Jesus lebt. Und sie selber leben wie jener Baum am Wasser aus dem Vollen: Das Leben Jesu lebt in ihnen.

Unser Problem heute ist es, daß es so viele junge Christen gibt, die bloß fromme Sprüche klopfen, und so wenige, die wirklich leben, was Jesus sagt.

Du könntest heute damit beginnen. Es lohnt sich: für dich und für deine Umgebung.

# 4. Die Realität ist Glauben

Ich hatte ein wenig Zeit zwischen dem Unterricht und dem Beginn der Konferenz. Und weil ich einen Flugplan der Lufthansa brauchte, verließ ich die Autobahn und fuhr zum Flughafen. Es war ein strahlender Sonnentag. Als ich einen Hinweis auf die Aussichtsplattform entdeckte, löste ich eine Karte und betrat das Gelände. Von hier oben hatte man einen ausgezeichneten Blick auf die wartenden Flugzeuge. Man konnte noch alles beobachten: den Ausstieg der Passagiere, das Entladen der Gepäckstücke, die Wartung und Überprüfung der Triebwerke sowie das Beladen und den Einstieg der Flugpassagiere für den nächsten Flug. Auch die startenden und landenden Maschinen lagen im Blickfeld. Manche Leute hatten Feldstecher dabei, oder sie benutzten für wenig Geld die aufgestellten Fernrohre, um alles genau sehen zu können. Der Aufenthalt auf der Aussichtsplattform lohnte sich wirklich.

Und doch war er nicht zu vergleichen mit meinem ersten Flug. Ich kann mich noch genau daran erinnern. Alles, was ich vorher nur gesehen hatte, erlebte ich nun wirklich: das Betreten der Maschine, den freundlichen Empfang der Stewardeß, das bequeme Sitzen im Flugsessel, die Vibration der laufenden Triebwerke, den Druck in den Sessel beim Starten und das Gefühl, wenn die Maschine abhebt und wirklich fliegt. Kein Vergleich mit dem besten Platz auf der Aussichtsplattform! Das eigene Erleben des Fluges übertraf alles.

Daran muß ich denken, wenn mir Menschen sagen, daß sie das Angebot des Glaubens zwar beeindruckend finden, sich aber die Wirklichkeit des Glaubens nicht recht vorstellen können. Wie recht diese Leute haben!

Man kann sich nicht vorstellen, wie das ist: aus dem Glauben an Jesus Christus leben. Lies das noch einmal: »aus Glauben« leben würde doch heißen: Da ist der Glaube, und daraus baut sich mein Leben auf – nicht auf Tatsachen, sondern auf Glauben!

Gehen wir noch einmal auf die Aussichtsplattform des Flughafens zurück: Wir haben den besten Platz erwischt, Fernglas, bestes Flugwetter, alles wie im Bilderbuch. Wir stehen stundenlang und sehen sie fliegen. Während sie hochsteigen, hält uns die Schwerkraft unserer Erde unerbittlich fest.

Das ist der Unterschied.

Unsere Vorstellung hält dem Vergleich mit der Wirklichkeit nicht stand. Egal, ob einer die gute Nachricht Gottes zum ersten Mal hört oder von frühester Kindheit an mit der Botschaft Gottes vertraut gemacht wurde – immer bleibt jene Schwelle, die der Beobachter nicht überbrücken kann: die Schwelle der persönlichen Erfahrung. Die kann nur der Glaube nehmen. Denn glauben heißt ja: Ich verlasse den Standort des Beobachters und vertraue mich der Botschaft Gottes an. Glaube im ursprünglichen Sprachgebrauch des Neuen Testamentes bedeutet soviel wie: Vertrauen haben, sich jemandem anvertrauen, »geluoben« (verloben). Das heißt: glauben.

Und genau das geschieht, wenn jemand ein Leben mit Jesus Christus beginnt.

Er hört nicht nur, daß Jesus für die Sünde der Menschen gestorben ist, sondern er nimmt die Vergebung der Sünde für sich persönlich in Anspruch.

Er informiert sich nicht nur darüber, daß Jesus Christus Menschen in seine Nachfolge ruft, sondern er vertraut ihm sein persönliches Leben an.

Er beobachtet nicht nur, wie Christen sind – er lebt

selbst als Christ, und erst jetzt macht er Erfahrungen mit dem Glauben, manchmal überraschend und spontan, oft allmählich, wachstümlich.

Eines haben alle Glaubenden gemeinsam, und das haben sie den Zuschauern auf der Aussichtsplattform voraus: In dem Augenblick, in dem sie durch die offene Tür den Raum des Glaubens betreten, machen sie die Erfahrung des neuen Lebens. Sie gehören zur Familie Gottes. Sie sind geborgen in seiner Hand, die sie durch alle Turbulenzen sicher zum Ziel führt. Jesus selbst sagt das zu (Johannes 10,28). Wer will sich angesichts dieser Tatsache noch mit einem Ausguck zufriedengeben?!

»Ich bin die Tür«, sagt Jesus. »Wenn jemand durch mich hineingeht, wird er selig werden und wird ein- und ausgehen und Weide finden« (Johannes 10,9).

## 5. Freunde braucht man!

Gerade haben wir miteinander telefoniert. Dabei ging es um ein gemeinsames Vorhaben. Aber unser Gespräch verließ bald diesen Bereich. Wir kamen auf Privates zu sprechen. Dabei wurde uns längst Vergangenes neu lebendig. Wer mein Gesprächspartner war? Ein guter Freund! Ein Freund im Vollsinn des Wortes.

Ich war vielleicht 16 oder 17, als wir uns kennenlernten. Unsere Freundschaft begann auf einem Lehrgang für Jungscharhelfer. Damals traf ich ihn zum ersten Mal. Danach kam es zu einer gemeinsamen Kinderfreizeit. Wir beide arbeiteten dort mit und lernten uns immer besser kennen. Viele Freizeiten folgten. Wir machten gemeinsame geistliche Erfahrungen. Ich werde nie vergessen, wie wir uns in der Nacht vor einer solchen Freizeit trafen, miteinander beteten und von Jesus geistliche Wirkungen für das Lager erwarteten. Was dann geschah, habe ich nie wieder so erfahren. Es kam zu einer geistlichen Bewegung. Die war nicht gemacht. Im Gegenteil, mein Vater, der die Freizeit leitete, und wir Mitarbeiter bremsten eher, um der Gefahr einer Schwärmerei zu begegnen. Aber da ließ sich nichts bremsen. Da handelte der Geist Gottes und es kam zu klaren Glaubensbekenntnissen zu Jesus Christus.

Später verbrachten wir zwei gemeinsame Jahre auf dem Predigerseminar. Wir wohnten zusammen und sorgten unter anderem für das Wohl von fast 30 Schweinen. (Damals hielt sich das Seminar zur wirtschaftlichen Aufbesserung noch Schweine und Hühner). Auf vielen Fahrten waren wir gemeinsam mit dem Motorrad unterwegs und machten im übrigen manchen Unsinn.

Aber das Beste waren die langen Gespräche. Auf Spaziergängen, bei gemeinsamen Unternehmungen und hin und wieder nachts vor dem Einschlafen sprachen wir über alles und jedes. Auch die persönlichen Fragen und Probleme kamen zur Sprache. Das war nicht einmal schwer, denn das Vertrauen zueinander war groß.

Und nun haben wir gerade wieder einmal miteinander telefoniert. Das passiert nicht mehr oft, und wir sehen uns noch seltener. Längst ist die Zeit der intensiven Freundschaft vorbei. Unsere Wege liefen vor Jahren auseinander. Der geographische Abstand wurde zu groß. Aber wenn wir miteinander reden, ist es beinah wie früher.

Früher! Manchmal denke ich daran, wenn ich sehe, wie sich Jungen und Mädchen ineinander verlieben und doch dabei überfordert sind. Wenn sie mit ihrer Liebe zwar verantwortungsbewußt umgehen wollen und doch mit ihren sexuellen Sehnsüchten nicht fertig werden. Und dann wünschte und gönnte ich ihnen eine solche Freundschaft, wie ich sie hatte: den Mädchen eine Freundin, mit der sie sich über ihre persönlichen Empfindungen und Erfahrungen austauschen können, den jungen Männern einen Freund, mit dem man wirklich reden und leben kann. Eigentlich bin ich sicher, daß manche Probleme nicht da wären (oder mindestens kleiner würden), wenn wir uns nicht ständig von einer Umwelt manipulieren ließen, in der 15jährige ohne Partner als unnormal gelten und in der 17- oder 18jährige ohne Partner in Torschlußpanik kommen. Ich bin sicher, es ginge besser, wenn wir wieder Freundschaften entdeckten, in der Jungen mit Jungen und Mädchen mit Mädchen über alles reden können.

Aber wie soll das gehen? Dann müßten Teenager mit geschlossenen Augen an Kinoreklame und Plakatwänden vorbeigehen, sie müßten sich in der Klasse isolieren, und am Ende flüsterte man hinter ihnen her: »Ob der (die) nicht homosexuell (lesbisch) ist?« So weit haben wir uns von der Normalität entfernt. Das dem Alter Normale ist anormal geworden.

Aber da klingt mir ein Bibelwort im Ohr. »Die Toren werden an ihrer Torheit sterben« (Sprüche 10,21). Wer alles verdreht: Dem Jugendlichen sexuelle Erfahrung aufschwätzt, dem Jungen aber den Freund und dem Mädchen die Freundin vermiest, dessen Torheit ist tödlich – nicht nur für ihn selbst!

# 6. Wenn die Liebe blind macht

Wir waren sehr verliebt damals (heute lieben wir uns). Seit einem halben Jahr kannten wir uns. Aber wir konnten nicht oft zusammen sein. So war jede Begegnung eine aufregende Sache.

Eines Tages beschlossen wir, einen Ausflug zu machen. Wir wanderten durch das Ruhrtal zwischen Hagen und Witten. Dabei kamen wir an einem Aussichtsturm vorbei. Und da der Tag schön war und die Aussichtsplattform leer, kletterten wir nach oben und genossen den Blick und das Zusammensein. Wir genossen das alles so sehr, daß wir nicht merkten, wie die Zeit verging. Der Mann unten an der Kasse war der Meinung, es sei kein Besucher mehr da. Und weil er Feierabend hatte, schloß er den Turm ab und ging nach Hause.

Inzwischen wurde es dunkel, und wir schauten immer noch ins Land. Wir beobachteten, wie die Lichter in der Umgebung angingen, und machten uns schließlich auf den Weg nach unten. Dabei entdeckten wir natürlich, was passiert war. So sehr wir auch an der Tür klopften und rüttelten: Sie ließ sich nicht öffnen. So blieb uns nur der Weg zurück nach oben. Dort stellten wir uns an die Brüstung und riefen nach Hilfe. Zuerst sehr leise. Aber nachdem wir unsere Hemmungen überwunden hatten, wurden wir immer lauter. Der erste, der uns hörte, war ein Hund. Der alarmierte seinen Herrn, und dieser öffnete uns schließlich die Tür.

Heute ist das alles nur noch eine alte Erinnerung, die hin und wieder aufgefrischt wird, wenn wir den Turm sehen. Damals aber war das ein eindrückliches Erlebnis. Denn was wäre gewesen, wenn man uns nicht gehört hätte? Eine kalte Herbstnacht auf der Aussichtsplattform des Turmes oder in seinem dunklen, schmutzig-kalten Treppenhaus.

Aber so ist das nun mal: Gerade verliebte Leute merken oft nicht, was die Stunde geschlagen hat.

Sie sind besonders gefährdet.

Das gilt in den verschiedensten Bereichen. Denn wie ist das sonst zu verstehen, daß Menschen, denen immer wieder gesagt wurde, daß sie sich entscheiden müssen, trotz allem den richtigen Zeitpunkt verpassen?

Da liebt jemand über alles seinen Sport und ist durch sein Sportprogramm so in Anspruch genommen, daß er keine Zeit findet, auf Gott zu hören.

Ein anderer ist so sehr in seine berufliche Karriere verliebt, daß er die Sache Gottes vergißt. Und ein dritter – nun ja, er ist nur noch Auge und Ohr für seinen Partner. Jesus Christus? Aber jetzt doch nicht – bitte nicht stören!

So wird der Herr alles Lebens zum Störfaktor. Dabei können die Situationen und die Gründe, die uns vom Glauben abhalten, sehr verschieden sein. Aber immer handelt es sich um etwas, was wir so sehr lieben, daß wir Gott aus den Augen verlieren. Und da Liebe bekanntlich blind macht, sehen wir nicht, daß wir uns um das größte Geschenk bringen, das man uns jemals angeboten hat. Die Bibel warnt uns vor solcher Blindheit. Sie teilt uns mit, daß man den Zeitpunkt Gottes verpassen kann. Deshalb sollen wir heute auf ihn hören, denn morgen kann es zu spät sein. Das ist kein billiger Trick, sondern höchste Realität. Denn wer Gott verpaßt, hat alles verpaßt. Er hat umsonst gelebt. Eine kalte Nacht im Turm läßt sich noch ertragen. Aber an einem Leben ohne Gott geht man zugrunde.

# 7. Aussteiger – Einsteiger

Da erreicht mich der Brief eines Jungen: »Meine Ex-Freundin hat vor einigen Monaten nicht nur mit mir Schluß gemacht, sondern auch mit der Gemeinde. Früher besuchte sie die Gottesdienste und Jugendstunden regelmäßig. Heute läßt sie sich dort nicht mehr sehen. Sie half auch in der Kinderarbeit unserer Gemeinde mit. Nun hält sie sich öfters in Diskotheken auf und hat einen Freund, den sie in ihrer neuen Clique kennengelernt hat. Einem anderen Mädchen aus unserer Jugendgruppe hat sie erzählt, daß sie auch weiter an Gott glauben will. Später will sie auch wieder zu den Gottesdiensten kommen. Was soll ich nur tun? Ich kann sie doch nicht festhalten – oder?«

Das Problem ist mir nicht fremd. Es ist ja nicht immer allein die Liebe zu Gott, die junge Menschen in die Gottesdienste führt - und auch ältere Christen freuen sich darauf, ihre Freunde im Gottesdienst zu sehen.

Ich setzte mich also hin und schrieb:

»Nein, festhalten kannst Du sie nicht; und angenommen, Du könntest es, dann dürftest Du es nicht einmal. An dieser Stelle gibt es zwischen dem Christsein Deiner Ex-Freundin und ihrem Verhältnis zu Dir einige Gemeinsamkeiten. Beides baut nur auf Liebe auf, und Liebe läßt sich nun mal nicht zwingen. Die Bibel betont zwar, daß uns nichts in der Welt von der Liebe Gottes trennen kann (Römer 8,38 und 39), und Jesus selbst sagt zu uns, daß uns niemand aus seiner Hand reißen kann (Johannes 10,28) - aber wir selbst können es. Deshalb seine Aufforderung: Bleibt in mir! (Johannes 15,4). Die Liebe ist also der Schlüssel bei der Beantwortung Deiner Frage. Ich will versuchen, das möglichst deutlich zu machen.

Zunächst weiß ich natürlich nicht, wie stark von Anfang an das Verhältnis Deiner Ex-Freundin zu Dir mit ihrem Christsein verknüpft war. Vielleicht hat sie ja nur aus Liebe zu Dir die Verbindung zur Gemeinde und zur Jugendgruppe aufgenommen und ist in die Mitarbeit eingestiegen. So etwas passiert sehr schnell und ist oft selbst den Betroffenen nicht bewußt. Wenn es so wäre, dann liegt es natürlich auf der Hand, daß sich für sie mit der Lösung von Dir auch die Lösung von der Gemeinde verbindet. Aber nehmen wir mal an, daß das nicht so ist und daß Deine Ex-Freundin wirklich irgendwann einen echten Anfang mit Jesus Christus gemacht hat. Wie ist es dann möglich, daß sie jetzt davon Abstand nimmt und sich anderen Lebensinhalten zuwendet? Du mußt wissen, daß es sich dabei keinesfalls um einen Einzelfall handelt, sondern daß es relativ viele christliche Aussteiger gibt. Woran liegt das eigentlich?

Ich denke, daß manchen Leuten überhaupt nicht klar ist, was es bedeutet, ein neues Leben mit Jesus Christus zu beginnen. Die Bibel gebraucht hier das Wort Buße. Damit ist die totale Umkehr gemeint. Ich löse mich von meinen bisherigen Bindungen und binde mich an den lebendigen Gott (1. Thessalonicher 1,9).

Wenn meine Beobachtungen richtig sind, beginnen heute manche Leute mit dem Christsein nur auf einer emotionalen Ebene. Sie fühlen sich von der Gemeinschaft und der guten Atmosphäre der Christen angezogen und beginnen (wie evtl. Deine Ex-Freundin) mit dem Glauben auf Grund der guten Beziehung zu irgendeiner christlichen Person. Eine gute Atmosphäre, Gemeinschaft oder Beziehungen können aber nur Wegbereiter zum Glauben sein. Sie reichen niemals als Basis des Glaubens aus. Der Ausstieg ist damit schon vorprogrammiert.

Oder ich denke an die Leute, die in christlichen Lebensformen aufgewachsen sind und nie begriffen haben, daß Leben mit Jesus viel mehr bedeutet, als sich an eine Form zu binden. Wenn man sie fragt, wie sie Christsein definieren, zählen sie auf, was ein Christ tut bzw. nicht tut. Klar, daß so etwas schließlich in Streß ausartet und wenig Freude macht. Es ist dann nur folgerichtig, wenn mir Leute ganz offen sagen, daß Gott für sie der große Spielverderber sei, der einem nichts mehr erlaube, sondern alles verbiete. Ich weiß, bei Deiner früheren Freundin liegt das vermutlich anders. Sie ist ja nicht damit aufgewachsen. Trotzdem könnte es sein, daß auch für sie Christsein im wesentlichen aus der Freundschaft mit Dir, dem Besuch der Gemeindeveranstaltungen und dem Einsatz in der Kinderarbeit bestand.

Ein ganz klein wenig schimmert diese Sicht auch bei Dir durch, wenn Du ihren jetzigen Lebensstil beschreibst. Das Kernproblem ist doch nicht, daß sich Deine Ex-Freundin manchmal in Diskotheken aufhält und Kontakte zu einer ungläubigen Clique pflegt. Das alles sind nur Symptome eines tieferliegenden Problems. Wenn wir das nicht in den Blick bekommen, reden wir an der Sache vorbei. Du mußt Dir klarmachen, daß die Liebe der Schlüssel zur Beantwortung Deiner Frage ist.

Mir fällt in der Bibel auf, daß unsere gute und heilende Beziehung zu Jesus ebenso wie die zerstörerische Beziehung zur Welt an der Liebe festgemacht wird. Von dem Mitarbeiter Demas wird gesagt, daß er die Welt »liebgewonnen« hat (2. Timotheus 4,10). Und der Apostel Johannes warnt seine Leser geradezu eindringlich vor der »Liebe« zur Welt (1.Johannes 2,15-17). In der Johannes-Stelle wird deutlich beschrieben, was unter »Welt« zu verstehen ist: Die »Liebe zur Welt« bedeutet die innere Bindung an die Welt, schließt die Liebe Gottes aus (1. Johannes 2,15).

Sie ist die eigentliche Kraft, die einen Menschen von Jesus abzieht. Ich betone das, weil viele Christen nur mit den Lebensformen argumentieren und diese innere Abhängigkeit kaum beachten. Das führt dann sehr schnell zu einem frommen Scheinchristentum, das in den Augen Gottes mindestens genauso wertlos ist wie die offensichtliche »Weltliebe«. Lies doch mal Jesaja 1,10-15; Hesekiel 14,1-4! Wir müssen also nach der Liebe fragen, wenn wir auf das Problem mit Deiner Ex-Freundin die richtige Antwort finden wollen. Aber was heißt das nun?

Christen sind Menschen, die erkannt haben, daß Gott sie außerordentlich lieb hat und die auf diese Liebe Gottes mit ihrer Liebe antworten. »Moment mal«, höre ich Dich sagen, »hast Du nicht vorhin gesagt, daß die emotionale Ebene für eine tragfähige Beziehung zu Jesus Christus nicht ausreicht«? Richtig, aber ich spreche hier auch nicht von einer nur emotionalen Beziehung. Liebe ist viel mehr als das. Jesus sagt zu seinen Jüngern: »Wer meine Gebote empfangen hat und sie hält, der hat mich lieb« (Johannes 14,21). Und: »Wer mich liebt, der wird mein Wort halten« (V. 23). Übrigens verknüpft Jesus das mit einer Zusage: ». . . und wir werden zu ihm kommen (mein Vater und ich) und Wohnung bei ihm nehmen« (V. 23). Liebe zu Jesus bindet also meinen Willen an ihn. Ich tue, was er sagt, und erfahre schließlich die Einlösung seiner Zusagen. Auf dieser Basis läßt es sich als Christ leben. Ich bin überzeugt: Wer so lebt, der steigt nicht aus. Und wer andere so leben sieht, steigt eher ein – in eine lebendige und erfahrbare Beziehung zu Jesus Christus.

Das wird nun ein Leben, in dem Jesus nicht nur den ersten Platz hat, sondern wirklich »alles in allem« ist.

Geteilte Liebe führt zu geteilten Herzen (Matthäus 6,24). Menschen, die versuchen, ihr Christsein auf zwei Basen zu verwirklichen, sind beklagenswerte Leute. Und da viele von ihnen nie anders mit dem Christsein begonnen haben, sind sie auch nie auf den Geschmack gekommen. Das Reden Jesu wie in Johannes 10,10 (»Ich bin gekommen, damit sie das Leben und alles in Fülle haben . . .«) muß für sie ja reinstes Chinesisch sein, weshalb sie seine Wahrheit nie erfahren haben.

Was aber kann man tun?

Tatsache bleibt, daß Du Deine Freundin nicht zwingen kannst und darfst. Du solltest intensiv für sie beten. Gott wird dieses Gebet nicht unberücksichtigt lassen. Im Gegenteil, er bindet seine Zusagen daran (Johannes 15,7). Und da er will, daß alle Menschen zur Erkenntnis der Wahrheit kommen (1. Timotheus 2,4), ist dies sicher auch ein Gebet im Namen Jesu.

Ich hoffe aber, daß Deine emotionale Bindung an das Mädchen gelöst ist – sonst wäre es besser, Du bätest andere aus der Gruppe, für sie zu beten. Denn die Bindung an sie würde Dir immer wieder egoistische Ziele in Deine Fürbitte mischen: »Laß sie bitte wieder zurückkommen« (damit ich sie wieder habe).

Aber an Deiner Frage hängt noch mehr. Sie macht deutlich, wie wichtig eine klare Verkündigung von Gottes Wort ist. Das betrifft auch unsere missionarischen Gespräche über den Glauben. Auch Dein Zeugnis gegenüber Ungläubigen. Es betrifft auch Deine Arbeit in der Gemeinde: Wir sollten weniger an das Gefühl und viel mehr an den Willen unseres Gesprächspartners appellieren. Wir sollten ihn auch nicht an uns, sondern an Jesus Christus binden. Und vor allem müssen wir deutlich machen, daß der Kern des Christseins die Lebensbeziehung zu Jesus Christus ist und nicht das Einhalten von kirchlichen oder freikirchlichen Verhaltensregeln. Es steht zwar außer Frage, daß Christen einen neuen Lebensstil pflegen. Aber dieser Lebensstil wird aus der Gemeinschaft mit Jesus Christus geboren und nicht umgekehrt. Sonst züchten wir verkrampfte Neinsager, die zwar gut zu formulieren wissen, was ein Christ alles nicht darf, die aber ins Stottern kommen, wenn es darum geht, positives Christsein zu beschreiben. Da ist es dann nur verständlich, daß sie mit der Zeit abspringen und der Botschaft Gottes den Rücken kehren. Wir müssen die Problematik christlicher Aussteiger gründlicher durchdenken und ihr neu begegnen und dabei lernen, Menschen so zu Jesus Christus zu führen, daß sie bei ihm bleiben und Leben in Fülle haben.

# 8. Eine alte alternative Geschichte aus der Bibel

## Von zwei Menschen, die meinten, sie müßten frömmer sein, als sie waren

»Die Menge der Gläubigen aber war ein Herz und eine Seele; auch nicht einer sagte von seinen Gütern, daß sie sein wären, sondern es war ihnen alles gemeinsam. Und mit großer Kraft bezeugten die Apostel die Auferstehung des Herrn Jesus, und große Gnade war bei ihnen allen. Es war auch keiner unter ihnen, der Mangel hatte; denn wer von ihnen Äcker oder Häuser besaß, verkaufte sie und brachte das Geld für das Verkaufte und legte es den Aposteln zu Füßen; und man gab einem jeden, was er nötig hatte.

Josef aber, der von den Aposteln Barnabas genannt wurde – das heißt übersetzt: Sohn des Trostes –, ein Levit, aus Zypern gebürtig, der hatte einen Acker und verkaufte ihn und brachte das Geld und legte es den Aposteln zu Füßen.

Ein Mann aber mit Namen Hananias samt seiner Frau Saphira verkaufte einen Acker, doch er hielt mit Wissen seiner Frau etwas von dem Geld zurück und brachte nur einen Teil und legte ihn den Aposteln zu Füßen. Petrus aber sprach: »Hananias, warum hat der Satan dein Herz erfüllt, daß du den heiligen Geist belogen und etwas vom Geld für den Acker zurückbehalten hast? Hättest du den Acker nicht behalten können, als du ihn hattest? Und konntest du nicht auch, als er verkauft war, noch tun, was du wolltest? Warum hast du dir dies in deinem Herzen vorgenommen? Du hast nicht Menschen, sondern Gott belogen.« Als Hananias diese Worte hörte, fiel er zu Boden und gab den

Geist auf. Und es kam eine große Furcht über alle, die dies hörten. Da standen die jungen Männer auf und deckten ihn zu und trugen ihn hinaus und begruben ihn.

Es begab sich nach einer Weile, etwa nach drei Stunden, da kam seine Frau herein und wußte nicht, was geschehen war. Aber Petrus sprach zu ihr: »Sag mir, habt ihr den Akker für diesen Preis verkauft?« Sie sprach: »Ja, für diesen Preis.« Petrus aber sprach zu ihr: »Warum seid ihr euch denn einig geworden, den Geist des Herrn zu versuchen? Siehe, die Füße derer, die deinen Mann begraben haben, sind vor der Tür und werden auch dich hinaustragen.« Und sogleich fiel sie zu Boden, ihm vor die Füße, und gab den Geist auf. Da kamen die jungen Männer und fanden sie tot, trugen sie hinaus und begruben sie neben ihrem Mann. Und es kam eine große Furcht über die ganze Gemeinde und über alle, die das hörten. Es geschahen aber viele Zeichen und Wunder im Volk durch die Hände der Apostel; und sie waren alle in der Halle Salomos einmütig beieinander. Von den andern aber wagte keiner, ihnen zu nahe zu kommen; doch das Volk hielt viel von ihnen. Desto mehr aber wuchs die Zahl derer, die an den Herrn glaubten – eine Menge Männer und Frauen.« (Aus: Apostelgeschichte 4 und 5)

In dieser ersten Zeit vertrug die Gemeinde keine Heuchelei. Der Reinigungsprozeß kam sofort in Gang. Wie viele von uns würden überleben,wenn wir bei der ersten frommen Heuchelei auch umfielen?

# 9. Festfreuden

Du feierst ein Fest. Du bist jung und lebst natürlich alternativ. Du feierst auch alternativ.

Du feierst auch ein Fest. Du bist jung, aber nicht alternativ. Du feierst auch nicht alternativ.

Du bist so oder so, und dir graut vor »Stille Nacht« und Christbaumzauber. Alles zieht dich in die Einsamkeit der Berge, des Waldes – oder auch in das laute Allotria der Freunde. Sie feiern laut. Die anderen leise. Die einen klassisch, die anderen mit verrockten Liedern. Doch ohne »O du fröhliche ...« geht es am Ende nicht.

Ein Fest ist ein Fest nur dann, wenn es wirklich ein Fest ist: Die Juden feierten drei große Feste im Jahr: ein Erinnerungsfest - das Passa, und zwei Erntefeste: eines zur ersten Ernte und das zweite zur Weinlese, und Gott sagt seinem Volk, es solle bei diesen Festen »fröhlich sein vor seinem Gott«. Das Volk Israel sollte fröhlich sein, weil Gott, der Herr, es segnete: in der Ernte und bei aller Arbeit. Und weil er sein Volk aus der Gefangenschaft herausgeführt und aus vielen Nöten herausgerettet hatte.

Fröhlich sollten sie sein, die feiernden Israeliten, ein Fest mit allen guten Gaben sollten sie feiern und sich freuen in den Häusern, in den Laubhütten, im Tempel in Jerusalem, der Stadt Gottes ...

Das hört sich ganz anders an als unsere Weihnachts-, Oster- und Pfingstfeste, und es wird sich lohnen, einmal darüber nachzudenken, wo bei uns diese Freude bleibt.

Ehrlich: Freust du dich? Ich ja, ich freue mich unbändig. Aber nicht immer, und nicht immer gerade an einem der Feste. Aber ich will es mir merken: Gott gebietet seinem Volk, sich zu freuen. Gehöre ich nicht zu seinem Volk? Er gebietet es mir und dir. Gehörst du nicht auch zu ihm? Komm, laß uns feiern! Laß die Freude heraus! Sie kommt, wenn du nur an all das denkst, was uns Gott mit Weihnachten, Ostern und Pfingsten – und dir mit deinem Geburtstag – geschenkt hat!

# 10. Ein Glück, daß es euch gibt!

## Liebeserklärung an Krankenschwestern und Krankenpfleger

»Fahren Sie immer geradeaus bis zur dritten Ampel und dann biegen Sie rechts ab. Sie stehen dann direkt vor der Klinik.«

Wir bedanken uns und fahren weiter. Schließlich sehen wir vor uns den großen eintönigen Bau. Wir gehen zum Pförtner und nennen den Namen der Patientin, die wir besuchen wollen. Er blättert in den Karteikarten und gibt uns einige Zahlen mit auf den Weg. Wir gehen durch hohe Treppenhäuser, laufen über lange Flure und begegnen Menschen, die uns kaum zur Kenntnis nehmen. Dann erreichen wir das Zimmer. Wir klopfen, treten ein, schütteln uns die Hände.

Leise unterhalten wir uns. Dabei kommen wir auch auf die Klinik zu sprechen.

Eine alte Frau, die in dem Bett am Fenster liegt, schaltet sich ein. Ein halbes Jahr bringt sie nun schon in Krankenhäusern zu. Sie fühlt sich unglaublich einsam und verlassen. »Da ist keine Liebe drin«, sagt sie immer wieder.

Unsere Bekannte pflichtet ihr bei: »Man fühlt sich hier wie in einer Fabrik. Man hat immer den Eindruck, die Ärzte und Schwestern interessieren sich nicht für dich. Sie stellen dir das Essen hin und bringen nicht einmal ›Guten Appetit‹ über die Lippen. Sie fragen auch nicht, ob und wie es geschmeckt hat. Wenn man es nachts vor Schmerzen nicht aushalten kann und nach der Schwester klingelt, kommt sie – wenn überhaupt – nur mit mürrischem und vorwurfsvollem Gesicht. Es ist, als wäre man eine Maschine, die repariert werden muß. Mit Menschlichkeit hat das alles hier nichts zu tun.«

Unsere Bekannte weint. Übertreibt sie?

Sie wurde nur vergessen.

Da fällt mir der Bericht einer Frau ein, mit der wir vor einigen Tagen zusammentrafen. Auch sie war im Krankenhaus. Es ging um eine schmerzhafte und unangenehme Untersuchung. Sie hatte große Angst davor. »Morgen um zehn ist es soweit«, hatte die Schwester gesagt. Die Frau verbrachte eine angstvolle Nacht.

Am nächsten Morgen um zehn saß sie vor dem Zimmer des Arztes. Sie wartete geschlagene zwei Stunden. Andere Patienten wurden vorgezogen. Niemand kümmerte sich um sie. Schließlich kam der Arzt und meinte, es sei nun zu spät. Sie solle morgen wiederkommen. Die Frau verbrachte eine weitere angstvolle Nacht.

Als ich das hörte, dachte ich an die vielen Krankenschwestern in unseren Jugendgruppen, an Freizeiten, in denen wir schmunzelnd feststellten, daß die Krankenschwestern wieder einmal die größte Berufsgruppe unter uns bildeten. Und ich war froh, daß wir sie haben. Wie viele Möglichkeiten gibt es gerade in diesem Beruf, ängstlichen und leidenden Menschen mit Liebe zu begegnen. Sicher, das Krankenhaus ist – zumindest für die Schwestern – kein Sanatorium und die Krankenpflege ist kein Honigschlecken. Bei der oft hektischen Arbeit bleibt nicht viel Zeit für ausgiebige Unterhaltungen mit den Patienten. Aber deutlich zeigen, daß es nicht in erster Linie um den funktionierenden Ablauf einer Kranken- bzw. Gesundheitsfabrik geht, sondern immer um den kranken Menschen selbst, das muß immer möglich sein – und die findigen Schwestern können davon einiges erzählen.

# 11. Begabt – doch für was?

Was für ein Unsinn, wenn man junge Leute, die sich für diesen Beruf interessieren, zuerst fragt, ob sie das Abitur haben, und sie erst dann auf ihre pflegerischen Begabungen und Neigungen hin prüft.

Wenn junge Christen in diesem Beruf mit Überzeugung ihren Glauben auch leben, dann ist das beste Medizin – denn dann wird ihre Liebe manchen Seelenschaden heilen helfen und damit auch manches Herz- und Magenleiden. Ich stelle mir vor, da kommt diese Schwester mit all den Pillen, die ich schlucken muß, und sagt mir dazu ein freundliches Wort, schüttelt mein Kissen und verläßt mich mit einem Gebet – vielleicht! Diese Nacht wäre leichter zu überstehen. Ich freue mich deshalb, daß wir immer noch Krankenhäuser und Altenheime haben, in denen wir die Atmosphäre selbst prägen können. Daß das einem solchen Haus nicht von selbst zufliegt, ist keine Frage. Aber gerade deshalb müssen wir alles tun, damit in solchen Häusern und Berufen nicht nur beste Arbeit geleistet wird, sondern Gottes Liebe auf jedes Krankenbett ausstrahlt.Aber nun bist du am Ende gar keine Krankenschwester, auch keine angehende Ärztin, sondern drückst vielleicht noch die Schulbank oder bist ein Azubi oder Student? Meinst du denn, das sei bei dir anders? Ich stoße überall auf Menschen, die sich nach Liebe sehnen. Und da Christen Leute sind, die Gottes Liebe spürbar erfahren, haben wir allen Grund, sie auch weiterzugeben, egal was und wo wir sind.

## 12. Warum gehen wir so miteinander um?

Die Kluft ist tief –

... es war an der deutsch-deutschen Grenze, irgendwo bei Ratzeburg. Ich war mit einem jungen Amerikaner unterwegs. Da er gerne die Grenze zur DDR sehen wollte und wir ohnehin in Norddeutschland waren, fuhren wir also dorthin.

Hinter Ratzeburg wurde die Straße immer einsamer. Schließlich machten uns Hinweisschilder auf die naheliegende Grenze aufmerksam. Und dann hörte die Straße plötzlich auf. Quer über die Baumallee hatte man einen Zaun gezogen mit dem Hinweis: »Halt! Hier Zonengrenze«. Die Straße war überwuchert mit Grünzeug. In einiger Entfernung entdeckten wir Stacheldraht, Minenfelder und Kontrolltürme.

Das alles war bedrückend, aber nicht überraschend. Da war etwas anderes, was meine Aufmerksamkeit fesselte. Auf der bundesdeutschen Seite hatte der Bundesgrenzschutz seine »Schutzhütte«. Der dazugehörende Beamte stand mit seinem Wachhund direkt vorne am Zaun und schaute in Richtung Osten. Und ca. 5 m vor ihm stand ein Volkspolizist im Gelände, der genauso aufmerksam in Richtung Westen starrte. Mit anderen Worten: Die beiden sahen sich fast in die Augen und hätten sich fast die Hand reichen können. Aber sie hielten ihre jeweilige Stellung. Sie sprachen nicht miteinander, sie wünschten sich weder einen guten Morgen noch eine gute Nacht. Sie begegneten sich ja nicht als Menschen, sondern als Personen, die bestimmte politische Gegebenheiten verkörperten. Und um das Maß voll zu machen, hielt sich jeder von ihnen noch einen Feldstecher vor die Augen. Selbst wenn sie gewollt hätten, sie hätten nicht einmal eine Hand frei gehabt.

Das alles ist schon schlimm genug. Aber was noch schlimmer ist: Ich kenne Christen, die so miteinander umgehen. Zwar tragen sie selten Uniform, haben auch keinen Stacheldraht zwischen sich, aber sie tun so, als wäre genau dies der Fall. Sie begegnen sich als Leute in bestimmten Positionen und werden gerade dadurch gehindert, wirklich menschlich miteinander umzugehen.

Dafür gibt es Beispiele. Ich denke an manche Begegnungen zwischen Landeskirchlern und Freikirchlern. Ich denke auch daran, wie Freikirchler miteinander umgehen. Auch innerhalb einzelner Gemeinden lassen sich Parallelen finden. Da begegnen sich Gemeindeleiter, Pastoren und Jugendliche, aber eben nicht als Menschen, sondern als »Gefangene« ihrer jeweiligen Position. Selbst zwischen Eltern und Kindern soll es so etwas geben. Dabei sind versteckte oder offensichtliche Stellungskämpfe gar nicht so selten; ja, sogar der Feldstecher gehört hin und wieder zur Ausrüstung. Mit ihm werden die Fehler des anderen maßlos vergrößert ...

Weshalb gehen wir so miteinander um? Hat uns Jesus nicht aus dieser Gefangenschaft befreit?! Dürfen wir nicht einfach »Brüder« und »Schwestern« sein, die einander offen und ehrlich begegnen und nach gemeinsamen Wegen suchen? Ich jedenfalls möchte genau dies lernen und bin froh über jeden, der mir dabei hilft. Denn zugegeben, wir müssen es lernen, in der Freiheit zu leben.

Da ist der Michael. Er hatte sich an einem Protestmarsch gegen die Hochrüstung beteiligt und war von Presbytern der Gemeinde gesehen und angesprochen worden. Seitdem meiden sie einander – die Älteren, weil ein Presbyter zu weit gegangen war (er hatte Michael vor dessen Freunden beschimpft) und das nicht zugeben will; Michael – nun, warum wohl!

Ist da keiner, der den beiden hilft? Michael und der Presbyter wissen, daß sie durch den Glauben Brüder sind; aber jeder wünscht diesen Bruder auf den Mond. Ob man in dieser Gemeinde niemals das Vaterunser betet?

»Und vergib uns unsere Schuld, wie auch wir vergeben unsern Schuldigern.«

»Vergebt einer dem andern«, schreibt Paulus an die Epheser (4,32), »wie auch Gott euch vergeben hat in Christus.«

# 13. Was ich andern sage, geht mich an

Die Ruhe im Herrn -

Gerade hatte ich einer Mitarbeiterin ein Wort von Corrie ten Boom in das Buch geschrieben, das ich ihr schenken wollte. Ich war der Meinung, das Wort sei richtig für sie. Da stand nun: »Die Ruhe im Herrn hängt nicht von unseren äußeren Umständen ab, sondern von unserer Gemeinschaft mit Gott selbst.« Ich schlug das Buch zu und konzentrierte mich auf den neuen Tag. Es war noch sehr früh. Bis zum Frühstück hatte ich noch Zeit. Also entschloß ich mich, einige Schritte zu gehen. Dabei konnte ich in aller Ruhe meine Predigt durchdenken. Nach dem Gottesdienst wollte ich mich möglichst schnell auf die Heimreise machen. Deshalb nahm ich einige Gepäckstücke mit nach draußen, um sie im Auto zu verstauen. Ich schloß den Kofferraum auf, legte das Gepäck hinein, schlug die Tür zu und machte mich auf den Weg.

- kann schnell vergehen

Es war ein strahlender Sonntagmorgen, und ich fühlte mich ausgesprochen wohl. Ich dachte über meine Predigt nach, sprach auch mit Jesus darüber und schloß den Rundgang schließlich wieder an meinem Wagen. Dabei wurde mir bewußt, daß ich den Autoschlüssel nicht mehr hatte. Ich durchwühlte meine Hosentaschen. Aber da gab es nicht viel zu durchwühlen. Der Schlüssel blieb verschwunden. Es gab nur eine Möglichkeit: Er mußte im Auto sein. Vermutlich hatte ich ihn in den Kofferraum gelegt.

Da stand ich nun wie ein begossener Pudel, eben noch strahlend und fröhlich, jetzt traurig und niedergeschlagen. Ich hatte eine weite Heimreise vor mir. Nach dem Gottesdienst mußte ich unbedingt los. Aber wie, wenn ich keinen Schlüssel hatte? Unruhig spielte ich in Gedanken alle Möglichkeiten durch. Aber ich fand keinen Ausweg. Die Unruhe nahm zu. Dabei hatte ich eben noch einen Satz über die Ruhe geschrieben. Sie sei nicht von den äußeren Umständen abhändig. Auf unsere Gemeinschaft mit Gott komme es an. Vor einer Stunde hatte ich es geschrieben, jetzt durchlebte ich es. Das Wort galt nicht mehr in erster Linie der Mitarbeiterin, jetzt galt es mir.

Ich betete. Ich ging zu meinen Gastgebern und frühstückte mit ihnen. Anschließend feierten wir einen schönen Gottesdienst. Und schließlich fand sich auch ein Fachmann, der den Wagen öffnete. Dazu benutzte er weder Schlüssel noch Dietrich. Um niemand in Versuchung zu führen, werde ich über seine Methode schweigen. Ich hoffe nur, daß sie in Kreisen der Unterwelt nicht allzu bekannt ist . . . Aber in kürzester Zeit war der Wagen offen. Das war die Hauptsache.

Die Hauptsache? Nein, die Hauptsache war wohl, daß Gott mir eine Lektion erteilt hatte: Was ich anderen weitergebe, ist auch für mich bestimmt.

Kein Pastor, kein Mitarbeiter, kein Christ sollte das je vergessen – alles Leute, die weitersagen sollen, wie sie in der Gemeinschaft mit Gott ruhig werden, auch dann, wenn die äußeren Umstände angst und bange machen.

# 14. Du mußt nicht wie die andern sein

»Mich nervt es«, schreibt da ein Neubekehrter leicht irritiert, »daß viele Leute bei uns in der Gemeinde immer nur so ein frommes Gerede bringen. Wenn man sieht, wie die sich sonst verhalten zu Hause oder in der Familie oder auch, wenn man mal so was hört . . . Da stimmt doch was nicht. Wie können die Leute nur immer so fromm tun. Na klar, ich habe auch Fehler, aber ich glaube, daß ich zumindest nicht immer so fromm tue. Bei den Leuten in der Gemeinde sieht man oft überhaupt keine Veränderung durch ihren Glauben. Entweder stimmt da was mit dem Glauben nicht, oder Gott ist überhaupt nicht wirksam. Wie kommt das alles?«

Ja, wie kommt's?

Ich brauche einige Zeit, um dem Schreiber antworten zu können. Schließlich handelt es sich um eine Anfrage, die die Glaubwürdigkeit auch meines Christenlebens berührt.

Dann antworte ich:

Was Dich nervt, hat schon Jesus damals geärgert. Er sagte zu seinen Zuhörern: »Warum nennt ihr mich Herr, Herr, und tut nicht, was ich euch sage?« (Lukas 6,46). Und an einer anderen Stelle sagte er: »Es werden nicht alle, die zu mir sagen: Herr, Herr! ins Himmelreich kommen, sondern nur die, die den Willen meines Vaters im Himmel tun« (Matthäus 7,21). Auch Jakobus ermahnt seine Leser: »Seid Täter des Wortes und nicht nur Hörer« (Jakobus 1,22). Es muß also seit jeher Menschen gegeben haben, die begeistert auf Jesus reagierten, ihm zujubelten und seinen Worten applaudierten, deren Leben davon aber unbeeindruckt blieb. Klar, daß sowas abstößt. Gerade heute zählt nur, was überzeugend vorgelebt wird. Deshalb verstehe ich Deinen Vorwurf gut.

Die Frage ist aber auch, ob Deine Reaktion auf das Verhalten dieser Leute in Ordnung ist. In Deiner Frage schwingt ja viel mehr mit als ein sachlicher Einwand. Man spürt Deine Unzufriedenheit mit der Gemeinde. Denn es handelt sich ja um »viele« Leute, die so leben.

Ich sehe Dich vor mir, wie Du Dich enttäuscht zurückziehst und sagst: »Es hat doch alles keinen Zweck mit den Christen.« Du ziehst sogar Rückschlüsse auf Gott und fragst Dich, ob er überhaupt noch wirksam ist, wenn er auf solche Heuchelei nicht einmal reagiert.

Damit bist Du aber auf einer Fährte, die Dich immer stärker in die Isolation treibt. Ich kenne viele, die sich auf diese Weise weiter und weiter von der christlichen Gemeinde entfernt haben und schließlich auch ihre Beziehung zu Gott an den Nagel hängten. Diese Entwicklung solltest Du bei Dir unbedingt stoppen. Aber wie kannst Du das?

Ich mache Dir ein paar Vorschläge:

1) Lebe nicht als Echo Deiner Umgebung, sondern versuche vielmehr, negativen Verhaltensweisen mit einem bewußt christlichen Verhalten entgegenzutreten.

Den Satz muß ich erklären. Viele Menschen sind nur ein Echo ihrer Umwelt. Begegnet man ihnen freundlich, dann reagieren sie ebenso. Aber wenn ihnen jemand böse und verletztend gegenübertritt, dann schlagen sie zurück. Ein bißchen davon entdecke ich auch in Deiner Frage. Du bist enttäuscht, weil das Leben einiger (Du schreibst »vieler« – ist das wirklich so?) Christen nicht mit ihren Worten übereinstimmt.

Du hast recht mit Deiner Enttäuschung. Aber warum

setzt Du diese negative Linie fort? Denn in Deiner Reaktion kann ich nichts anderes entdecken. Damit, daß Du nicht so fromm tust wie die anderen, ist denen ja nicht geholfen, die gerade richtige Christen kennenlernen wollen. Wie wäre es, wenn Du Dich durch die frommen Sprücheklopfer nun gerade dazu herausfordern ließest, ein Gegenmodell aufzustellen? Dann wäre immerhin schon einer da, der anders lebt. Und es könnte ja sein, daß Dein Beispiel Schule macht und andere ansteckt.

Ich bin überzeugt, daß auf diese Weise manche Gemeinde verändert werden könnte. Aber leider lassen wir uns durch negative Haltungen bei Menschen meist auch negativ beeindrucken. Wer mit Jesus Christus lebt, hat dazu keinen Grund. Im Gegenteil, gerade in einer negativen Umwelt soll er ein Zeichen der Veränderung durch Jesus setzen.

2) Sei vorsichtig mit Pauschalurteilen. Sie spiegeln oft eine bereits vorgefaßte negative Einstellung wider.

Ich habe keine Ahnung, ob das bei Dir zutrifft. Aber Du solltest Dir selbst gegenüber kritisch sein. Sieh Dir Deine Formulierung einmal ganz genau an: ». . . viele Leute . . . wenn man sieht, wie die . . . wenn man mal so was hört . . . wie können die Leute . . . bei den Leuten in der Gemeinde . . .« Was Du da schreibst, ist alles nicht greifbar. Es ist so allgemein formuliert, daß man ihm gar nicht begegnen kann. Mag sein, daß es daran liegt, daß Du hier nicht deutlicher werden kannst. Aber oft spiegeln solche Pauschalurteile nur unsere Grundeinstellung wider. Man hat es ja schon immer gewußt, daß mit den Christen nichts los ist. Und jetzt braucht man nur noch einige Beispiele, die dieses Wissen bestätigen.

Mir ist das oft aufgefallen, wenn ich bei ähnlichen For-

mulierungen zurückfragte. Meist kamen nur ein oder zwei konkrete Beispiele zusammen. Alles andere war ein gewisser Eindruck, den man zwar hatte, aber nicht begründen konnte.

Diese negative Grundeinstellung ist auch deshalb so gefährlich, weil sie unseren Blick nur auf negative Beispiele fixiert. Zweifellos gibt es in Deiner Gemeinde auch andere Christen, die das neue Leben in Christus praktizieren. Aber die siehst Du gar nicht.

Oft sind uns solche vorgefaßten Einstellungen nicht bewußt. Aber gerade deshalb müssen wir sie uns bewußt machen und ihnen bewußt begegnen. Nur so können wir es lernen, die Situation in der Gemeinde objektiv zu betrachten und ihr sachlich zu begegnen.

3) Sprich nicht über Menschen, die Dich enttäuschen, sondern sprich mit ihnen und begegne ihnen so, daß sie ihre Fehler sehen und abbauen können.

Es ist schon merkwürdig, daß wir viel und gerne über Menschen reden, die uns enttäuschen, aber meist nicht den Mut aufbringen, ihnen das, was uns an ihnen stört, direkt mitzuteilen. Aber wer mit anderen darüber spricht, muß wissen, daß er das Problem nur vergrößert. Er trägt dazu bei, die Krankheit, die er bekämpft, auf andere zu übertragen. Wem hilft das? Weder dem, der sich falsch verhält, noch dem, der davon hört.

Was wir dringend brauchen, sind Menschen, die es schaffen, andere in Liebe auf Fehler aufmerksam zu machen. Du sagst vielleicht: »Das hat bei . . . (der betreffenden Person) ohnehin keinen Sinn.« Aber hast Du es jemals versucht?

Solche Gespräche muß man betend vorbereiten. Jesus ist in der Lage, die richtigen Voraussetzungen zu schaffen.

Deshalb sollten wir mit ihm darüber sprechen. Auch die Motivation muß stimmen. Wer mit einem Menschen redet, um ihn fertigzumachen, muß sich nicht wundern, wenn das Gespräch danebengeht.

Außerdem dürfen wir solche persönlichen und seelsorgerlichen Gespräche nie aus der Position des selbstsicheren und fehlerlosen Menschen führen. Das muß ja daneben gehen! Unsere Sicht ist begrenzt. Deshalb sollten wir neben dem anderen stehen und mit ihm gemeinsam nach einer Lösung suchen. Auf diese Weise bauen wir am ehesten das auf, was du in deiner Frage anderen vorwirfst.

4) Binde Dich nicht an Menschen, sondern folge Jesus Christus nach.

Zweifellos scheitern viele Menschen mit ihrem Glauben an anderen Christen. Sie möchten gerne sehen, wie sich das neue Leben mit Jesus Christus auswirkt, und müssen dann feststellen, daß Reden und Leben bei diesen Leuten nicht übereinstimmen. In einer ähnlichen Situation scheinst Du zu sein.

Gibt es einen Ausweg?

Offen gesagt: Wenn ich mein Christsein von anderen Christen abhängig gemacht hätte, wäre ich schon lange kein Christ mehr. Ich kenne Christen, die mich enttäuscht haben. Aber warum soll ich mich von ihnen abhängig machen?

Jesus Christus hat mich nicht aufgerufen, anderen Menschen nachzufolgen. Er hat gesagt: »Folge mir!« Also binde ich mein Leben an ihn. Und je mehr ich das tue, desto unabhängiger werde ich von Menschen.

Ich glaube zwar, daß ich durch ältere und erfahrenere Christen vieles lernen kann, aber deshalb werde ich mich nicht durch ihre Fehler in meinem Christsein blockieren lassen.

Christliche Vorbilder solltest Du wie Wegweiser ansehen. Ein Wegweiser trägt auch nicht immer den besten Lack. Bei manchem blättert die Farbe und wuchert der Rost. Es gibt Wegweiser, die stark verbeult sind. Aber das spielt alles keine Rolle, solange die Richtung stimmt. Ich halte mich ja nicht am Wegweiser auf, sondern gehe weiter in die Richtung, die er anzeigt. Solange ein Christ Dich auf Jesus hinweist, erfüllt er die entscheidende Funktion. Laß Dich nicht durch seine Ecken und Kanten abschrecken. Es wäre besser, wenn Du gerade dadurch einen Anstoß bekämest, überzeugender zu sein als er, und das in Deinem Leben zu vermeiden, was Dich bei ihm abschreckt. Das wäre die positive Auswirkung einer negativen Erfahrung. Wenn Du wirklich mit Jesus Christus lebst und auf seine Kraft baust, bleibt das kein frommer Wunschtraum. Denn Gott ist tatsächlich wirksam, auch wenn das bei manchen Christen anders aussieht. Das wirst Du selbst erfahren, wenn Du auf ihn siehst und Dich seiner Wirkung überläßt.

# 15. Vorspiegelung falscher Tatsachen

»Hier auf dem Bild seht ihr ihn mit einem VW-Passat. Aber ich will euch ein Geheimnis verraten. Bei dem Passat handelt es sich um einen Leihwagen. Der wurde für das Titelbild gemietet. Normalerweise fährt er einen Mercedes.«

Mit diesen Worten stellte Ulrich Parzany, Jugendpfarrer und Leiter des Weiglehauses in Essen, mein Buch »Unterwegs erlebt« vor.

Die Teilnehmer der Tersteegenkonferenz lachten fröhlich. Da ich daneben stand, vermutete niemand etwas Böses. Der Gag schien gelungen. Wer Ulrich Parzany kennt, kennt auch seinen unschlagbaren Humor. Und die Konferenzgäste kannten Ulrich Parzany. Wenigstens dachte ich das.

Zwei Monate später. Ich bin zu einer Evangelisation in einer anderen Stadt. An einem Abend kommen ein junger Mann und ein junges Mädchen zu mir. Wir haben ein gutes Gespräch miteinander. Beim Verabschieden kommt der junge Mann nach einigem Zögern mit einer Frage heraus.

»Stimmt das eigentlich?« fragt er mich, »fahren Sie wirklich einen Mercedes? Ist der Passat auf dem Titel Ihres Buches nur gestellt wegen der eingehenden Spenden, oder so. . .?«

»Mensch«, sage ich erschrocken, »das war doch bloß Spaß. Ich stand doch daneben!« Sichtlich erleichtert schaut er mich an.

»Ich konnte mir das auch kaum vorstellen«, sagt er.

Was war das nun? Humorlosigkeit eines Zuhörers? Oder ging der Spaß zu weit? Ich weiß es nicht genau. Mir ging schließlich ein ganz anderer Gedanke durch den Kopf.

Mißverständnisse entstehen einerseits durch unklare Aussagen. Andererseits spielen aber auch vorgefaßte Meinungen eine Rolle. Wer zum Beispiel glaubt, daß es zum

Stil der Christen gehört, nach außen etwas zu scheinen, was in Wirklichkeit nicht ist, wird die Sache mit dem Mercedes sehr schnell entsprechend einordnen. Schon sitzt alles auf einer falschen Spur und ist nur schwer wieder daraus zu lösen. Hinzu kommt, daß auch vorgefaßte Meinungen durch irgend etwas ausgelöst werden.

Im Klartext: Könnte es nicht sein, daß wir Christen tatsächlich oft etwas herauskehren, was unserer Wirklichkeit nicht standhält?

Da ist etwa die Sache mit dem alternativen Leben. Wer einen schweren Wagen fährt, eine starke Stereoanlage besitzt oder eine aufwendige Kamera sein eigen nennt, setzt sich dem Verdacht aus, nicht alternativ zu sein. Also packt ein kluger Mann solche Dinge nicht ins Schaufenster. Man hat ja schließlich auch anderes zu bieten, zum Beispiel Dinge, die wirklich alternativ sind: graues Briefpapier, Solarheizung, gemahlene Körner zu jeder Mahlzeit, Jute statt Plastik. »Vorspiegelung falscher Tatsachen« heißt so etwas und die ganze Geschichte erinnert mich lebhaft an Hananias und Saphira, bei denen diese schauspielerische Leistung tödlich ausging.

Leute, laßt uns ehrlich sein, damit die Titelfotos und Innenseiten unseres Lebens nicht auseinanderklaffen. Laßt uns auch Schluß machen mit einer Gesetzlichkeit der Lebensformen, die alles und jedes über einen Leisten schlägt. Mag sein, daß für viele auch der Passat ein zu aufwendiges Auto ist, aber was macht das schon? Ist es nicht viel wichtiger, wenn ich weiß, daß Gott ihn mir anvertraut hat und daß ich ihm dafür danken kann? Ist es nicht viel überzeugender, wenn wir Christen, statt uns nach Schema F zu geben und zu bewegen, einen ganzheitlichen Lebensstil führen, bei dem Innen- und Außenseiten übereinstimmen, der vielleicht mehrfarbig, aber dafür umso überzeugender ist?

# 16. Vom Programm programmiert

Ich war unterwegs in Richtung Süddeutschland. Irgendwo an einer Autobahnraststätte hielt ich an, um eine Kleinigkeit zu essen. Vor allem wollte ich bei der Gelegenheit noch einmal in Ruhe mein Manuskript durcharbeiten. In dem gut besetzten Raum fand ich einen leeren Tisch; ich setzte mich, bestellte mein Essen, holte Bibel und Manuskriptblätter aus meiner Tasche und vertiefte mich in mein Referat.

Aber dann wurde ich unterbrochen. Ich blickte auf und sah in die Augen eines freundlichen Herrn. Mit seiner Frau und seinen beiden Kindern stand er vor mir und fragte, ob er und die Familie Platz nehmen dürften.

Ich weiß heute nicht mehr genau, was ich geantwortet habe. Aber es muß sehr abweisend gewesen sein. Seine Frage habe ich zwar nicht verneint (wie sollte ich auch), aber ich murmelte etwas wie: dann müsse ich mir wohl einen anderen Platz suchen. Die Familie begriff (es hätte auch eine Elefantenhaut sein müssen, um nicht zu begreifen), schaute auf meine Blätter – vielleicht sogar auf die Bibel -, der Mann sagte: »Verzeihung«! und suchte sich einen anderen Tisch.

Ich behielt also meinen Einzelplatz, aber ich verlor meine Ruhe. Meine Gedanken waren wie blockiert. Sie wanderten von meinen Manuskriptblättern immer wieder zu den Leuten, die ich abgewiesen hatte. Ich stellte mir die Familie als Zuhörer bei meinem Referat vor. Würde mir nicht das Wort in der Kehle steckenbleiben?

Ich packte meine Sachen zusammen und stand auf. Ich mußte die Familie suchen und mich entschuldigen. Aber ich fand sie nicht. Anscheinend hatte sie keinen Platz mehr gefunden. Das war noch schlimmer. So ließ sich die Geschichte nicht einmal in Ordnung bringen.

Noch jetzt denke ich manchmal daran. Der Stachel saß. Ich stellte plötzlich fest, daß es zu Hause nicht anders war: Saß ich über einem Manuskript, war ich für Frau und Kinder nicht mehr ansprechbar – verständlich, wie sollte ich mich auch sonst konzentrieren! Aber in diesem Stillhalten lag etwas wie die Vorsicht von Kindern vor einem knurrenden Hund. Meine Sache war mir so wichtig, daß mir der Gedanke gar nicht kam, meinen Kindern könnten deren Sachen genau so wichtig sein. Und so knurrte ich wirklich, wenn sie ins Arbeitszimmer kamen.

Als ich zu dieser Beobachtung gekommen war, meldete sich eine Erkenntnis: Ich war so sehr mit meinem Programm beschäftigt, daß ich nicht begriff, was im Augenblick dran war. Ich war ganz auf die Zukunft fixiert und deshalb nicht frei für die Gegenwart.

Je länger ich darüber nachdenke, desto mehr entdecke ich diese Lebenshaltung bei mir. Ich lasse mich vom Programm progammieren und raste aus, sobald das Programm gestört wird.

Bei Jesus war das ganz anders. Störungen schienen bei ihm zum Programm zu gehören; er machte daraus immer ein großes Wunder: Heilungen, Speisungen, Sündenvergebung – das Kaputte, das sich ganz programmwidrig an ihn herandrängte, wurde unter seinen Händen heil. Und ich, sein Jünger?

Herr, laß mich heute locker sein, aufgeschlossen für jeden Menschen, den Du mir schickst – und verschlossen für alles, was nicht von Dir kommt. Schenke mir einen weiten Blick – aber bewahre mich davor, meinen Nächsten zu übersehen.

## 17. Du hast Zeit – hast du Zeit?

Ich schaue in den Briefkasten. Oh, da liegt er! Vor einer Woche hatte ich ihn eingeworfen. Ich nehme den Schlüssel, öffne den Kasten, reiße den Umschlag auf und . . . alles schwarz! Dazu ein Brief: »Lieber Fotofreund, Ihr Film war leider unbelichtet. Wir bedauern dies außerordentlich.«

Wie ärgerlich! Ich muß den falschen Film gegriffen haben. Die zehn Mark sind hin. Der belichtete Dia-Film liegt noch im Schrank. »Wir bedauern dies außerordentlich!«

Aber nun stell dir folgendes vor: Da ist jemand, der macht so was absichtlich! Er geht ins Fotogeschäft, legt 10 DM auf die Theke, greift den Film und . . . gibt ihn zum Entwickeln. Natürlich gibt es den Menschen nicht. Falls das einer täte, würde man ihn für einen Witzbold oder reif für die Psychiatrie halten.

Und doch gibt es Leute, die ähnlich handeln. Sie verschleudern kein Filmmaterial, sondern etwas, was unvergleichlich wertvoller ist: Sie gehen mit ihrer Zeit um, als hätten sie davon einen unerschöpflichen Vorrat. Das Mädchen, das früher – heute soll das auch noch vorkommen – die Pfennige für ihre Brautschuhe sammelte, weiß, daß der volle Geldsack für mehr nicht reicht. Doch Zeit kann man nicht sammeln – selbst nicht für ein kleines Vergnügen. Die Zeit fließt weg, unerbittlich. Und trotzdem gibt es Leute, die ihre und anderer Leute Zeit obendrein noch vergeuden, verschwenden, verlieren – ja: totschlagen. Das ist ein teures und sinnloses Vergnügen.

Laß uns mal nachdenken. Ein Jahr hat 365 Tage oder 8760 Stunden oder 525.600 Minuten. Jede Minute, die verstreicht, ist tatsächlich vorüber. Sie läßt sich nicht zurück-

holen. Sie ist ein Teil deines Lebens. Man sollte diszipliniert damit umgehen.

Wie man das macht?

Ein Mann im Alten Testament sagt: »Meine Zeit steht in deinen Händen« (Psalm 31,16). Es gibt keinen besseren Umgang mit der Zeit, als sie aus Gottes Händen entgegenzunehmen und sie unter seiner Anleitung zu füllen. »Wem Gott Ewigkeit schenkte, der hat auch Zeit«, sagt Siegfried Kettling. »Der kommt heraus aus dem Pendeln zwischen Faulenzen und Streß. Weil wir Gottes Kinder sind, dürfen wir singen und spielen. Als Gottes Mitarbeiter wollen wir uns auch gerne plagen. Vor allem: Zeit-Haben ist nicht eine Frage der Uhr oder des Kalenders (Chronos), sondern zuerst eine Frage der Liebe!« Wer seine Zeit aus Gottes Händen nimmt, der setzt sie ein, um Menschen mit der Liebe Gottes bekanntzumachen. Er begreift, daß es keine Zufälligkeiten gibt. Jeder Mensch, der ihm begegnet, wird wichtig. Jeder Augenblick ist Verantwortung. Ein solcher Mensch setzt sein Denken, Reden und Handeln – also auch seine Zeit – für Jesus ein. Damit werden wir nicht ärmer. Im Gegenteil, wir können nur gewinnen!

# 18. Was machst du mit deinen Gefühlen?

Damit wir uns nicht falsch verstehen, Gefühle sind großartig, vor allem schöne Gefühle. Ich hab was gegen Christen, die einem das Fühlen vermiesen wollen. Woher habe ich denn meine Gefühle, wenn nicht von Gott?! Also freue ich mich darüber. Kritisch wird es erst, wenn Gefühle einen falschen Stellenwert bekommen.

Viele Christen lassen sich durch ihre Gefühle steuern. Wenn sie schöne Gefühle haben, fühlen sie sich Jesus nahe. Sind die Gefühle negativ, dann bleibt ihr geistliches Leben auf der Strecke. Sie lesen nicht mehr in der Bibel und beten auch nicht mehr. Begründung: »Dazu habe ich keine Lust!« »Das macht mir keine Freude!«

Solche Antworten zeigen immer, daß das Gefühl eine falsche Position hat. Klar, daß man dabei ins Stolpern kommt, denn Gefühle sind unzuverlässig. Sie werden vom Wetter, von unserer körperlichen Verfassung, von Begegnungen, Umwelteinflüssen und von unserem Unterbewußtsein manipuliert. Du kannst an ihnen nicht ablesen, ob dein geistliches Leben intakt ist. Deshalb laß dich nicht von deinen Gefühlen steuern. Paulus schreibt den Christen in Thessalonich: »Er aber, der Gott des Friedens, heilige euch durch und durch und bewahre euren Geist samt Seele und Leib unversehrt . . .« (1. Thessalonicher 5,23 und 24). Hier ist vom ganzen Menschen die Rede. Auch vom Gefühl. Alles soll von Gott geheiligt werden. Heiligen heißt: Gott unterstellen. Auch dein Gefühl ist hier gemeint. Also sollen nicht deine Gefühle dein Leben mit Jesus steuern, sondern Jesus deine Gefühle. Mach Schluß mit einem Christsein nach dem Lustprinzip.

Jesus hat gesagt: »Wenn ihr mich liebhabt, dann gehorcht ihr mir auch« (Johannes 15,10). Gehorsam – dazu gehören Wille und Verstand und Gefühl und vor allem: Die Liebe zu Gott; und die Liebe zu Gott treibt dich zum Lesen seines Wortes (seines Liebesbriefes an dich), und auch die Liebe zu Gott ist mehr als Gefühl – sie schließt dein Gefühl ein und füllt es mit Gottes Liebe.

». . . dann gehorcht ihr mir auch« – was heißt das nun ganz praktisch?

Wenn Jesus dir zeigt, was du tun sollst, dann frage nicht erst dein Gefühl, sondern gehorche. Die Freude darüber wird deine negativen Gefühle verändern. Es mag sein, daß du gegen deine negativen Gefühle nicht ankommst. Verdränge sie nicht. Sag nicht: Als Christ darf ich keine negativen Gefühle haben. Sprich mit Jesus Christus darüber. (Wenn du zum Beispiel keine Lust zum Beten hast, dann sage es einfach Jesus, und schon betest du.) Eine große Hilfe bedeutet auch die Gemeinschaft mit anderen Christen. Voraussetzung dazu ist natürlich der Mut, über negative Gefühle zu reden. Da kann der andere dir helfen, und ihr könnt gemeinsam das Problem mit Jesus besprechen. In seiner Kraft ist dieser Stolperstein zu überwinden.

# 19. Das Gewohnheitstier

Das Leben mit Jesus Christus gleicht keiner Schnellstraße, sondern hin und wieder einem holprigen Weg, bei dem es viele Gelegenheiten zum Stürzen gibt. Der eine stolpert über seine Vorurteile, ein anderer über seine Idee von Frömmigkeit; einer kommt durch seine negativen Gefühle ins Schleudern und wieder ein anderer klagt über die Langeweile (du hast richtig gelesen!), die sich mit der Zeit einstellt.

»Man gewöhnt sich an alles«, und das stimmt. Auch die schönsten Erlebnisse verbrauchen sich mit der Zeit.

Manche Leute machen diese Erfahrung in der Ehe. Sie hätten sich das nie träumen lassen. Sie waren überzeugt, einen Menschen gefunden zu haben, der sie immer wieder von neuem begeistern würde. Doch irgendwann kam dann die Krise, oft schon nach den Flitterwochen, wie uns die Eheexperten sagen: Die Wogen glätten sich, das Neue verbraucht sich; Nachschub ist nicht in Sicht.

Ist das im Leben mit Jesus nicht ähnlich? Zu Beginn des Christseins ist man voller Begeisterung. Aber dann gewöhnt man sich an das neue Leben, an Sündenvergebung – selbst an Jesus.

Was läßt sich dagegen tun? Sind wir dazu verurteilt, uns künstlich high zu halten – doch womit? Kann man überhaupt was tun?

Man kann. Das Stichwort heißt »Liebe«. »Simon, hast du mich lieb?« fragte Jesus einmal einen Mitarbeiter (Johannes 21,15 f.). Hier liegt der Schlüssel gegen Gewöhnung und Alltagstrott. Echte Liebe verbraucht sich nicht. Im Gegenteil, sie wächst und wird immer stärker. Das gilt zwischen Menschen wie für unser Verhältnis zu Gott. Allerdings müssen wir wissen, was Liebe heißt: Wir sollen nicht auf Kosten eines anderen leben, sondern für ihn. Je mehr wir uns von Jesus geliebt wissen, desto mehr werden wir uns aus Liebe zu Jesus für ihn einsetzen, desto mehr wird seine Liebe auch unser Leben verändern.

Aber das gerade könnte ja dein Problem sein: Es hapert an der Liebe zu Jesus, und du traust dich nicht, das zuzugeben – weder anderen noch Jesus selbst.

Meinst du denn, das ginge dir allein so? Die Spannung zwischen mir und dem dreieinigen Gott ist viel zu groß, als daß ich nicht immer wieder versucht wäre, sie einzuebnen. Was das praktisch heißt? Nun, ich befasse mich ganz unbewußt mehr und mehr mit den Erfordernissen meiner näheren und weiteren Umwelt und verliere – ebenso mehr und mehr – Gott und die Dinge seines Reiches aus dem Blickfeld. Und damit wird auch die Beziehung zu Jesus lokkerer. Die Liebe zu Ihm erkaltet.

Wenn ich das merke, ist höchste Alarmstufe. Aber auch wenn es nicht so weit gekommen ist, spreche ich darüber mit Jesus: »Herr«, sage ich dann, »du siehst mich und kennst mein Herz und weißt, wie es mit meiner Liebe zu dir steht. Bitte, Herr, hilf mir da heraus! Bitte erneuere mir die Liebe zu Dir und die Liebe zu den Menschen, zu denen Du mich sendest!« Ich habe noch niemals vergeblich um diese Liebe gebetet!

Deshalb sprich mit Jesus über deine Liebe. Sag ihm, daß du ihn liebhast, und zeig es ihm durch dein Leben. Dann wirst du keine Zeit haben, dich an ihn zu gewöhnen, weil du immer neue Erfahrungen mit ihm machen wirst. Du hältst das für übertrieben? Fang erst mal an!

# 20. Mit Niederlagen leben

Warum liegen junge Christen immer wieder auf der Nase?

Keiner von uns wird auf die Dauer am Erlebnis des Scheiterns vorbeikommen. Das eigentliche Problem dabei liegt jedoch nicht darin, daß man versagt hat. Niederlage hat mit Niederlegen zu tun. Und hier liegt das größte Problem.

Da fängt einer an. Er hat eine Stelle bekommen; noch ist Probezeit, und er will natürlich beweisen, was er kann. Da passiert es: Maschinenschaden, durch ihn verursacht. Das darf doch nicht wahr sein! Spöttische Blicke, Karriere im Eimer – bis der Meister kommt, mit einem Handgriff den Schaden behebt, ihm auf die Schulter klopft und sagt: »Die halbe Stunde wird abgezogen.«

Da fängt einer mit Jesus Christus an. Vielleicht zum ersten Mal in seinem Leben. Oder aber er startet nach Monaten der Unentschlossenheit ganz neu. So ein neuer Anfang ist eine aufregende Sache. Er hat das Gefühl, daß jetzt alles anders wird. Doch dann kommt das erste Versagen. Plötzlich weiß er: Ich bin schuldig. Vielleicht handelt es sich dabei um eine alte Geschichte. Zigmal hat er an diesem Punkt versagt. Er hatte gehofft, diese alte Sünde endlich überwunden zu haben. Doch jetzt hängt er wieder voll drin. Er hat das Gefühl: Alles ist im Eimer. Mein neues Leben ist zu Bruch gegangen. Totalschaden!

Aber jetzt kommt erst das Schlimmste: Die meisten bleiben in solchen Situationen hängen. Es folgen Sprüche wie »Es hat ja doch keinen Zweck.« – »Ich schaffe es eben nicht.« – »Ich bin nicht der Typ für sowas.«

Das erinnert mich an meine Schulzeit, wenn ich ein neues Heft anfing. Wie schön war so ein reines neues Heft,

und wie strengte ich mich an, daß es so blieb – aber es blieb nie so. Wenn die ersten Fehler drin waren, hätte ich es am liebsten zur Seite gelegt, hätte lieber wieder ein neues Heft begonnen ...

Damit sind wir an einem wichtigen Punkt. In meinem Schreibheft blieben Fehler und Schmierereien sichtbar. Man mußte nur zurückblättern und hatte alles wieder vor sich.

Beim Leben mit Jesus Christus ist das anders: Er wirft den schuldigen Menschen nicht weg – er erneuert ihn von Grund auf. Er vergibt – und die Vergangenheit ist erledigt. Seine Vergebung ist total. Klar, unsere Gefühle kommen da nicht mit. Doch was sind schon Gefühle, wenn wir es schwarz auf weiß haben: »Das Blut Jesu, seines Sohnes, macht uns rein von aller Sünde« (1. Johannes 1,7b). Lies das – immer wieder, wenn du es schwarz auf weiß brauchst!

In der Geschichte des Christentums hat man es immer wieder mit sogenannten »Perfektionisten« zu tun. Diese Leute glauben, mit dem Einsatz aller Kräfte der Heiligung frei von Sünden leben zu können. Aber sie irren. Perfekte Christen gibt es nicht. Jesus nachfolgen heißt zwar, der Sünde aus dem Weg gehen. Trotzdem wirst du genau wie ich immer wieder stolpern. Dann laß dich nicht hängen! Steh auf! Sprich mit Jesus! Nenne deine Schuld beim Namen! Sprich mit einem erfahrenen Christen, wenn du Hilfe brauchst. Danke Jesus, daß er dir vergibt! Und dann marschiere fröhlich weiter – nicht weil deine Sünde nur ein Kavaliersdelikt gewesen wäre. Das gibt es bei Gott nicht. Sünde ist Sünde. Aber Christus ist eben dafür eingestanden. Es hat ihn viel gekostet: Er ist dafür gestorben. Und Gott in seiner unbegreiflichen Menschenliebe hat das Opfer seines Sohnes Jesus Christus angenommen – ich darf leben! Deshalb hast du trotz der Schuld Grund zur Freude. Ist das klar?

# 21. Ich komme nicht los – was soll ich tun?

»Ich bin 17 Jahre alt«, steht im Brief. »Seit Jahren habe ich mit der Selbstbefriedigung zu tun. Ich bitte Jesus Christus immer wieder um Vergebung und um seine Kraft. Aber ich komme nicht los davon. Was soll ich tun?«

Ja, was soll – was kann er tun?

Zunächst mal: Selbstbefriedigung ist nicht die große Sünde, zu der sie in der Vergangenheit immer wieder gemacht wurde.

Während der Pubertät haben fast alle Jungen und etwa 40 % der Mädchen damit zu tun. Ich schreibe das, weil ich oft junge Leute treffe, die hier in einem richtigen Teufelskreis hängen. Für sie ist Selbstbefriedigung so ziemlich das Schlimmste, was überhaupt geschehen kann. Und gerade deshalb sind sie so fasziniert davon, daß sie es nicht schaffen, aus diesem Kreis auszubrechen.

Das Verhängnisvolle an der Selbstbefriedigung oder Masturbation (manche nennen sie Onanie, was aber falsch ist; der Onan der Bibel, den Gott mit dem Tod bestrafte, hatte sich gegen Gottes Gesetz ganz bewußt vergangen, indem er die »Leviratsehe« nur zum Schein einging) scheint mir die Unfreiheit zu sein, die sich damit verbindet. Bei allen Gesprächspartnern war Selbstbefriedigung mit einer tiefen Gebundenheit verknüpft. Sie wollten nicht, aber sie mußten sich selbstbefriedigen. Außerdem war sie nie Ausdruck der Freude. Das kann sie auch nicht sein, da Sexualität ein Geschenk Gottes für die verbindliche Gemeinschaft zwischen zwei Menschen ist. Im Alleingang läßt sich Sexualität deshalb nie wirklich positiv erleben. Im Gegenteil, sie kann zu einer solchen Gewohnheit werden, daß selbst Ehepartner nicht davon loskommen. Aber was können wir tun?

1) Nimm die Vergebung ernst. Mit der Selbstbefriedigung verbindet sich bei vielen jungen Christen das Gefühl der Niederlage und des Versagens. Gerade diese negativen Gefühle binden uns. Doch wenn Jesus Christus vergibt, dann repariert er nicht nur. Was gewesen ist, ist wirklich erledigt (auch wenn unsere Gefühle dagegen sprechen). Lies 1. Johannes 1,7 und 9.

2) Überlege kritisch, warum es bei dir zur Selbstbefriedigung kommt. Oft liegen die Ursachen im psychischen Bereich, zum Beispiel schulische Überforderung, Konflikte mit der Umwelt, Spannungen mit den Eltern, fehlende Selbstannahme, Lieblosigkeit und anderes. Deshalb höre auf, an den Symptomen herumzubasteln. Greife die eigentlichen Ursachen an.

3) Eine wichtige Frage ist, wie du mit den sexuellen Eindrücken Deiner Umgebung fertig wirst. Wer sich durch Filme, Bilder und ähnliches sexuell auflädt, muß sich nicht wundern, wenn sich seine sexuellen Spannungen in der Selbstbefriedigung ein Ventil suchen. Aber auch die Verdrängung sexueller Eindrücke hilft nicht weiter. Gerade verdrängte sexuelle Gefühle suchen sich in der Selbstbefriedigung ein Ventil. Besser ist es, wenn du es lernst, sexuelle Gefühle positiv zu verarbeiten. Ein Beispiel: Wenn ein junger Mann ein gut gewachsenes junges Mädchen sieht (oder umgekehrt), gibt es nicht nur die Möglichkeit, verlegen wegzuschauen oder aber seiner sexuellen Fantasie freien Raum zu lassen. Warum freut er sich nicht und dankt einfach Gott dafür, daß es dieses Mädchen gibt und daß er es so geschaffen hat, wie es ist?

4) Suche dir einen Menschen, mit dem du über deine sexuellen Probleme sprechen kannst. Sexuelle Abhängigkei-

ten gedeihen am besten im Verborgenen. Wenn du es schaffst, mit einem Menschen über deine Abhängigkeit von der Selbstbefriedigung zu sprechen und mit ihm zu beten, hast du einen wichtigen Schritt zur Befreiung getan.

Möglicherweise helfen dir schon diese vier Gesichtspunkte, aus deiner Abhängigkeit herauszufinden.

# 22. Da liegt er wieder auf der Nase!

Dabei hatte er so gut angefangen. Er war Feuer und Flamme für Jesus. Doch er stolperte und blieb liegen. Und er ist kein Einzelfall. Das bedrückt mich. Der Start mit Jesus ist außerordentlich wichtig. Aber wenn es dann nicht weitergeht? Warum stolpern so viele? Als ich darüber nachdachte, stieß ich auf eindeutige Ursachen. Es gibt nämlich Steine, über die muß man einfach stolpern, wenn man sie nicht beachtet.

Einer dieser Stolpersteine ist die Anstrengung.

Manche Leute werden Christen nach dem Motto: »Es gibt viel zu tun, packen wir es an!« Das klingt zunächst gut. Das zeugt von Willenskraft und Entschlossenheit. Beides gehört dazu, wenn jemand Christ wird. Doch hier liegt auch ein dicker Stolperstein. Wenn Wille und Entschlossenheit nicht Gott unterstellt sind, helfen sie uns nicht weiter. Dann können wir noch so viele fromme Dinge damit tun – wir entfernen uns von Jesus. Christsein auf eigene Faust geht immer ins Auge.

Da kapiert jemand: Ich brauche Jesus und muß mein Leben nach ihm ausrichten. Er macht sich eine Aufstellung von dem, was er tun oder auch lassen muß. Er reißt sich am Riemen. Wenn er stark ist, hält er das einige Monate – Wochen – Tage durch. Ist er es nicht, sondern labil, kippt er am zweiten Tag um. Er rappelt sich wieder hoch, aber es geht wieder daneben. Das ist peinlich. Um sich vor den anderen nicht bloßzustellen, tut er so als ob. Er wird zum frommen Schauspieler. Will er nicht schauspielern, resigniert er und gibt auf. Das passiert sehr oft. Wo liegt der Haken?

Wer so lebt, hat das Wesen des neuen Lebens mit Jesus nicht begriffen. Die Kraft Gottes verwirklicht sich nur in schwachen Leuten (2. Korinther 12,9). Jesus sagt: »Ohne mich könnt ihr nichts tun.« Und er hat es so gemeint, wie er es sagt! Deshalb muß jeder, der auf seine eigene Kraft setzt, ins Stolpern geraten. Er überfordert sich.

Wenn du mit Jesus leben willst, dann gib ihm deine Hand und laß dich von ihm führen (Nachfolge). Lege morgens den Tag mit allem, was drin ist, in seine Hand, und in offenkundigen Versuchungen löse den Konflikt nicht durch Kampf oder Verdrängung böser Gedanken, sondern breite die Situation vor Jesus aus. In missionarischen Gesprächen verlaß dich nicht auf deinen guten Grips, sondern auf die Führung deiner Gedanken durch Jesus. Nur so wirst du Erfahrungen mit der Kraft Gottes machen.

Denkanstöße:

1) Was scheint dir wirklicher zu sein, deine Kraft oder die Kraft Gottes?

2) Worauf baust du dein praktisches Christsein auf: auf deine Leistung oder auf Jesus? (Sei dir gegenüber sehr kritisch. Es geht nicht um theoretisches Denken, sondern um die Praxis deines Lebens.)

3) Unterteile den Tag in viele kleine Schritte und übergib sie und dich selbst ganz und gar Gott. Bitte ihn, daß er dich lenkt und gebraucht.

# 23. Bereitsein

Wir sitzen in einem Münchener Restaurant und warten auf das Mittagessen. Der Missionseinsatz in Fürstenfeldbruck liegt hinter uns. In der vergangenen Nacht wurde das Zelt abgebaut. Am Vormittag stand für einen Teil der Gruppe ein evangelistischer Gottesdienst in München auf dem Programm. Die anderen gestalteten den Gottesdienst in Fürstenfeldbruck.

Bei aller Freude über die Erfahrungen mit den Wirkungen Gottes haben die Einsätze bei dem Missionsteam doch auch Müdigkeit und Erschöpfung hinterlassen. Deshalb freuen wir uns nun auf das Essen.

Plötzlich faßt sich Sabine, die mir gegenübersitzt, an den Kopf. Was ist los? Sie hat Schmerzen. Ihre Glieder werden schwer. Ihre Hände sind ganz kalt. Das wird so schlimm, daß der Kellner den Arzt anruft.

Eineinhalb Minuten später. Wir hören das Martinshorn. Vier Johanniter betreten den Raum. Sie bringen eine Trage, packen Sabine darauf und rasen mit Blaulicht und Martinshorn ins Krankenhaus. Wir beten für Sabine.

Vor fünf Minuten noch saß sie mit uns an der Mittagstafel, und jetzt liegt sie im Krankenhaus. Wenn ihr das eben noch jemand gesagt hätte, sie hätte es nicht geglaubt. Wir auch nicht. Wer rechnet schon damit, plötzlich aus seinem vertrauten Programm herausgerissen zu werden!

Auch die Urlauber auf jenem spanischen Campingplatz bei Tarragona haben nicht damit gerechnet, daß der friedliche Sonnentag Sekunden später von einem explodierenden Tankzug gestört wird, der von fast 200 Menschen den Tod fordert. Auch die vielen Reisenden, die täglich auf bundesdeutschen Straßen sterben, rechnen nicht damit.

Ein Wort Jesu geht mir nicht aus dem Kopf: »Ihr wißt weder Zeit noch Stunde . . .« (Matthäus 25,13).

Wir alle haben unsere Programme. Wir planen die Zukunft. Wir fühlen uns sogar sicher dabei. Doch plötzlich stößt Gott das Programm um. Das erleben manche von uns während ihres alltäglichen Lebens. Wir alle werden diese Erfahrung im Augenblick unseres Todes machen, und wir werden es erleben, wenn der Tag Gottes anbricht und sein Sohn Jesus Christus wiederkommt. Wir wissen weder Zeit noch Stunde. Deshalb sollen wir wache Leute sein, wach für die Realität Gottes. Deshalb ist Bereitschaft alles, und bereit ist nur der, dessen Leben Jesus Christus gehört.

Übrigens, am frühen Nachmittag war bei Sabine wieder alles in Ordnung. Ihr Kreislauf arbeitete normal. War ihr kurzer Besuch im Krankenhaus also nur eine Bagatelle, ein dummer Zufall? Für mich war es mehr: nämlich eine kurze, aber deutliche Lektion Gottes in Sachen Bereitschaft. Meine Vergangenheit kann ich überblicken, und meine Gegenwart erlebe ich von Augenblick zu Augenblick, aber meine Zukunft liegt trotz aller verantwortlichen Vorbereitung in der Hand Gottes. In diesem Bewußtsein möchte ich nur eines: in Jesus Christus bleiben. Nur in der Gemeinschaft mit ihm bin ich auf alle Programmänderungen Gottes vorbereitet.

# 24. Gott überfordert nicht

Da sitzen wir zusammen, mein Bruder Diethelm und ich. Vor uns eine alte, ehrwürdige, weißhaarige und liebenswerte Dame, bei der wir zum Kaffee eingeladen sind. Langsam kommen wir ins Gespräch. Dabei essen wir bedächtig unseren Kuchen und trinken den heißen Kaffee. Gerade wurde meine Tasse neu nachgefüllt. Während wir weiter miteinander reden, nehme ich Milch und Zucker. Gedankenverloren will ich den Deckel der Zuckerdose wieder aufsetzen, gerate aber an das Milchkännchen und setze ihn dort ab. Das wäre alles nicht schlimm gewesen. Aber leider war das Milchkännchen ein wenig breiter als die Zuckerdose. Dadurch gab es ein kurzes, glucksendes Geräusch und der Deckel verschwand.

Eine peinliche Geschichte.

Aber geradezu typisch ist es, wenn so etwas mit Menschen geschieht. Da arbeitet jemand in einer Position, der er nicht gewachsen ist. Und ein anderer kämpft sich durchs Gymnasium mit dem ständigen Gefühl der Überforderung. Da soll jemand einen Platz ausfüllen, aber er weiß nicht wie. Die Aufgabe ist zu groß für ihn. Er kommt nicht zurecht damit. Und wenn er nicht aufpaßt, fällt er tief in die Krise. Es macht gluck - gluck, und er taucht ab.

Ich bin froh, daß Gott mit seinen Mitarbeitern anders umgeht. Wenn er uns in eine Aufgabe beruft, gibt er uns auch die Kraft und die Ausrüstung, diesen Platz auszufüllen. Dann können wir sicher sein, daß er uns nicht fallen läßt. Nur, wie werde ich Mitarbeiter Gottes? Und woher weiß ich, in welche Aufgabe er mich beruft?

Mitarbeiter Gottes ist jeder Christ. Denn wer von Jesus Christus in seine Nachfolge gerufen wird, ist auch zur Mitarbeit berufen. Christen leben für Gott. Bliebe also nur die Frage, an welchem Platz uns Gott haben will.

Mir haben dabei oft Menschen geholfen, die mich gut kennen. Sie machten mich aufmerksam auf einen konkreten Arbeitsbereich. Wir haben gemeinsam gebetet und nach Gottes Willen gefragt. Dabei wurde deutlich, was Gott mit mir vorhatte.

Es könnte aber auch sein, daß du erfährst, daß an einem bestimmten Platz Mitarbeiter gesucht werden. Du wirst unruhig und fragst dich, ob Gott dich an diesem Platz haben will. Wenn die Unruhe anhält, solltest du dich für diese Möglichkeit öffnen. Auch sind Gespräch und Gebetsgemeinschaft mit einem Menschen, zu dem du Vertrauen hast, eine wichtige Hilfe. In vielen Ländern der Erde stößt man auf Menschen, die auf diese Weise von Gott in die missionarische Arbeit berufen wurden, und dabei machten sie Erfahrungen mit seiner Kraft. Je mehr sie sich auf ihn verließen, desto stärker erlebten sie seine Fürsorge und Liebe.

Das gilt auch heute. Deshalb laß dich von Gott in die Mitarbeit berufen. Fülle den Platz aus, den er dir gibt, egal ob es sich um ein Krankenhaus, Büro, Missionszelt, eine Werkstatt oder eine Schulbank handelt. Auf ihn kannst du dich verlassen. Es gibt nichts Besseres, als sein Mitarbeiter zu sein.

Mitarbeit ist all das, was du im Auftrag Gottes tust – für Ihn und für deine Mitmenschen.

## 25. Falsch programmiert?

Ich habe schon viel Not gehört und gesehen, aber das war mir bisher noch nicht begegnet: Menschen, meist Kinder, mit unvorstellbaren Behinderungen. Mein Begleiter führte mich durch die verschiedensten Räume des Pflegeheims. »Über 100 Personen werden bei uns betreut«, erzählte er mir. »Bei dem einen steht die geistige Behinderung im Vordergrund, andere sind stärker körperlich behindert.«

Und wie stark! Cirka 40 Kinder konnten nur per Sonde ernährt werden, andere mußten durch Kanülen atmen. Ein Raum nach dem andern wurde geöffnet. Ein Mädchen, das ohne Augen geboren wurde, versucht tastend herauszufinden, wer das Zimmer betreten hat. Ein anderes sitzt zusammengekrümmt auf dem Boden und reagiert kaum. Es wurde jahrelang von der Mutter in einem dunklen Verschlag gefangengehalten.

Jedes Kind hat seine Geschichte. Manchmal ist die Lebensführung der Eltern die Ursache der Behinderung. Andere kamen durch einen tragischen Unfall oder durch eine Krankheit in diese Situation. Ein etwa 19jähriges Mädchen geriet als Kind unter ein fahrendes Auto. Dabei wurden auch die Gehirnzellen so stark verletzt, daß es nur noch liegend mit angebundenen Händen leben kann. Da gibt es Kinder mit viel zu großen Köpfen und viel zu kleinen Gliedmaßen. Manche liegen nur auf ihren Betten. Mit großen, offenen Augen und apathischen Blicken schauen sie zur Decke. Sie scheinen durch alles hindurchzusehen. Sie bemerken uns kaum.

Da fällt mein Blick auf einen Spruch an der Wand. »Jesus liebt dich«, steht da. Fast bin ich erschrocken. Mein Blick wandert hin und her. Hier die kranken Kinder, dort der Spruch von der Liebe Jesu – läßt sich das überhaupt zusammenbringen?

Lange denke ich darüber nach. Ich stelle mir Jesus vor. Wo war er, als er über diese Erde ging? War er den kranken und leidenden Menschen nicht näher als den andern? Ob das nicht auch für diese Kinder gilt? Ob Jesus ihnen nicht besonders nahe ist? Wieder und wieder muß ich sie ansehen. Hinter jedem kranken Körper und jedem kranken Geist verbirgt sich eine Person, die so wertvoll ist, daß Jesus sein Leben für sie gab. Und plötzlich rückt die Zukunft Gottes in meinen Blick: Kein Leid, keine Tränen, kein Weinen wird mehr sein, sagt die Bibel. Allmählich begreife ich, was das heißt: eine lebendige Hoffnung. Was wäre diese Welt ohne den neuen Himmel und die neue Erde? Wie sollte ich von der Liebe Gottes predigen, wenn es nicht auch die Zukunft Gottes gäbe? Und langsam beginne ich froh zu werden. Ich freue mich über Jesus, der uns weder träumen noch resignieren läßt. Er ruft uns auf, Boten seiner Liebe und damit Wegweiser zu seiner neuen Welt zu sein. Das kann und soll überall geschehen; egal, ob es nun der Prediger auf der Kanzel, die Schwester im Krankenhaus, der Arbeiter in der Werkstatt oder aber der Pfleger und die Pflegerin in einem solchen Haus sind. Denn selten habe ich Menschen so empfänglich für Liebe gefunden wie hier. Selbst die Kinder, die fast nicht zu leben schienen, reagieren deutlich, wenn man sie streichelte und mit ihnen sprach. Ihre Augen beginnen zu strahlen. Sie spiegeln etwas wider von der Sehnsucht nach der Liebe und Geborgenheit Gottes.

REGEN
VERÄ
750
760
1000
1010
990
1030
1040
1050
mm
mb

# 26. Du kannst IHM vertrauen!

Es war noch kalt. An manchen Stellen waren die Straßen vereist. Aber die Kälte konnte uns nichts anhaben. Ich saß neben einem guten Bekannten im Wagen. Er wollte mir ein wenig von der Landschaft zeigen. Das Problem war nur, ich saß auf dem Beifahrersitz.

Ich bin ein schlechter Beifahrer. Anstatt mich über die winterliche Umgebung zu freuen, starrte ich gebannt auf die Straße. Dabei fuhr mein Nebenmann nicht schlecht. Im Gegenteil, er lenkte den Wagen sicher über die kurvenreiche Straße. Aber plötzlich gerieten wir ins Rutschen. Ich spürte, wie die Räder über das Eis glitten. Die Situation war nicht sehr gefährlich. Gefährlich wurde sie erst dadurch, daß ich dem Fahrer spontan ins Lenkrad griff.

Fassungslos starrte er mich später an. Auch mir war nicht zum Lachen zumute. Ich wußte selbst nicht, wie ich dazu gekommen war. Der Griff war völlig spontan und unüberlegt geschehen. Ursache muß ein tief in mir verwurzeltes Mißtrauen gegenüber den Fahrkünsten eines anderen gewesen sein. Vermutlich war ich der Meinung, es doch besser zu können, auch wenn ich es mir selbst nicht eingestand.

Liegt hier nicht auch die Ursache vieler Gefahrenpunkte im Glauben? Wir leben mit Jesus. Wir reden vom Vertrauen auf ihn. Immer wieder machen wir uns bewußt, daß er wirklich da ist, und daß er uns besser durchs Leben lenkt, als irgendein anderer. Wir wissen: Glaube ist nicht nur etwas für Anfänger, sondern auch für Fortgeschrittene im Christsein. Aber wenn's brenzlig wird, greifen wir ein und nehmen unser Leben selbst in die Hand. Meist machen wir uns das selbst nicht bewußt. Deshalb geben wir später

Gott die Schuld. Wann begreifen wir endlich, daß unsere Unfälle selbstverschuldet sind und daß uns nur eines helfen kann: das Vertrauen zu Jesus?

Das wünsche ich mir – nicht nur auf den geradlinigen Autobahnen, sondern gerade an den kurvenreichen und vereisten Stellen meines Lebens.

*Vom gleichen Autor:*

**Wenn der Glaube auf der Strecke bleibt**
Tips für kritische Zeiten

112 Seiten, R. Brockhaus Taschenbuch, Bestell-Nr. 22029

Jugendliche wollen ihren eigenen Glauben glauben und nicht den ihrer Eltern. Deshalb setzen sie sich Zweifeln und Einsamkeit aus, gehen »eigene Wege« und auch mal Irrwege.

**Entdeckungen in der Einsamkeit**

128 Seiten, R. Brockhaus Taschenbuch, Bestell-Nr. 20394

Mit grundsätzlichen Lebensfragen setzt sich der Autor hier auseinander, als er nach schlaflosen Nächten in der Einsamkeit der holländischen Küste endlich zur Stille fand.

**Warum leben wir eigentlich nicht?**
Weshalb junge Leute fromme Traditionen aufgeben

120 Seiten, R. Brockhaus Taschenbuch, Bestell-Nr. 13205

Hier wird den Ursachen nachgegangen warum sich junge Leute manchmal vom Glauben und der Gemeinde abwenden. Dabei ist eine neue lebendige Beziehung zu Christus wichtig.

**Unterwegs erlebt**
Alltagsgeschichten

144 Seiten, R. Brockhaus Taschenbuch, Bestell-Nr. 20326

Der bekannte Jugendpastor erzählt von Erfahrungen und Begebenheiten, über die man oft herzlich lachen kann, die aber auch besinnlich und ernst sind, tief berühren können und stets das Verhältnis des Menschen zu Gott betreffen.
Peter Strauch verknüpft seine kurzen Alltagsgeschichten mit Aussagen der Bibel. Wie in einem Spiegel entdecken wir uns wieder. So ermutigen diese Geschichten uns, den Alltag mit Gott zu gestalten und mit ihm zu leben.

**»die reihe«** – die Taschenbuch-Reihe für Teens und Tweens, aus dem R. Brockhaus Verlag:

die reihe 2001: Walter Trobisch
**Liebe ist ein Gefühl, das man lernen muß**

die reihe 2009: Klaus Eickhoff
**Angenommen – ernstgenommen**

die reihe 2015: Ortwin Schweitzer
**Und wer bin ich?**

die reihe 2020: Renate und Thomas
**Du mußt dein Leben selber leben – trau dich!**

die reihe 2023: John R. W. Stott
**Grundkurs christlicher Glaube**

die reihe 2024: Klaus Eickhoff
**Ich muß mit dir reden**

die reihe 2025: Klaus Eickhoff
**Teenager-Probleme**

die reihe 2026: Brian Greenaway
**Ein Knacki fängt neu an**

die reihe 2027: Liesl Alexander
**. . . und dann öffnet sich die Tür**

die reihe 2028: D. Martschinke/U. Eggers
**Lieben lernen**

die reihe 2030: S. Christian/M. Johnson
**Auf hauchdünnem Eis**